Im Herrengarten 1, 57319 Bad Berleburg
Telefon (0 27 51) 9 20-6, Telefax (0 27 51) 9 20-760
www.wka.de, info@wka.de

Umschlaggestaltung und Satz: Wittgensteiner Kliniken AG
Lithoherstellung: Comfotec, Siegen
Fotos: Roman Vitt, Siegen
Druck- und Bindearbeiten: Druckerei Harth, Siegen

Das Bad Berleburger Kochbuch ist zum Preis von 14,30 € im Buchhandel oder direkt bei der Baumrainklinik, Lerchenweg 8, 57319 Bad Berleburg erhältlich.

ISBN 3-9805046-2-X

Das Bad Berleburger

Kochbuch

Praktische Tipps und Rezepte zu allen Kostformen:

Leichte Vollkost, Ernährung bei Diabetes mellitus, Ernährung bei Fettstoffwechselstörungen, Reduktionskost, Purinarme und Kochsalzarme Kost

zusammengestellt von

Friedhelm Höse
Diätetisch geschulter Koch DGE
und Ernährungsberater der Baumrainklinik, Bad Berleburg

Herausgeber:
Wittgensteiner Kliniken Aktiengesellschaft,
Im Herrengarten 1, 57319 Bad Berleburg

Vorwort

Gesundheit bedeutet nicht nur frei von Krankheit zu sein, sondern auch körperliches und seelisches Wohlbefinden. Eine wichtige Rolle spielt dabei regelmäßige Bewegung und eine gesunde Ernährung.

Gesunde Ernährung bietet Schutz vor vielen Zivilisationskrankheiten und ist gleichzeitig ein wichtiger Baustein im Behandlungskonzept häufiger Erkrankungen, wie Diabetes, Bluthochdruck und Fettsucht.

Das vorliegende Buch soll Information und Anleitung zum Nach-Kochen liefern, und somit zu einem ausgewogenen Essen ermuntern.

Friedhelm Höse konnte bei der Zusammenstellung der Rezepte auf seine langjährigen Erfahrungen als Diätkoch und auf seine in Kochkursen gewonnenen Erkenntnisse zurückgreifen.

Entstanden ist ein Kochbuch, in dem der Leser Wissenswertes, vor allem aber eine Fülle von Rezeptvorschlägen finden kann, z. B. für fettarme Speisen oder kochsalzarme Zubereitungen.

Illustriert sind die Rezepte mit anregenden Fotos. Sie zeigen, dass gesunde Ernährung und genussreiches Essen kein Widerspruch sein müssen.

Ich wünsche dem Bad Berleburger Kochbuch eine weite Verbreitung und dem Leser und Hobby-Koch den gesundheitlichen Nutzen und Genuss, der mit einer abwechslungsreichen Küche verbunden ist.

Dr. med. Michael Wolf
Ärztlicher Direktor der Baumrainklinik

Über dieses Kochbuch

Mit der Herausgabe des „Bad Berleburger Kochbuches“ verfolgen wir vor allem zwei Ziele: Zum einen soll eine vorhandene Lücke auf dem Buchmarkt geschlossen werden, denn zusammenfassende Werke über die richtige Ernährung bei allen Kostformen sind nach wie vor Mangelware.

Zum anderen ist das „Bad Berleburger Kochbuch“ als praktische Unterstützung für die Lehrküchen in unseren Kliniken gedacht. Unsere Mitarbeiter in den Lehrküchen vermitteln Jahr für Jahr tausenden von Patienten und Gästen in Seminaren und Vorträgen Wissenswertes über die gesunde und richtige Ernährung bei verschiedenen Krankheiten, bzw. Kostformen. Aus dieser Tätigkeit entstand der Gedanke, die gesammelten Erfahrungen in übersichtlicher Form zusammenzufassen und zu veröffentlichen.

Allerdings soll das „Bad Berleburger Kochbuch“ kein Krankheits- sondern eher ein Gesundheitskochbuch sein. Es richtet sich nicht ausschließlich an Menschen, die aufgrund einer Krankheit eine bestimmte Ernährung einhalten müssen. Vielmehr wollen wir auch diejenigen ansprechen, die „einfach nur gesund“ kochen möchten.

Dazu enthält das Buch zahlreiche Rezeptvorschläge, es vermittelt Grundlagenwissen über die Bedeutung der Ernährungszusammensetzung, und es veranschaulicht gesunde Zubereitungstechniken. Das alles sind für jede moderne und gesundheitsbewußte Küche hilfreiche Informationen und Anregungen. Eine besondere „Würze“ liegt dabei in den regionaltypischen Gerichten des Wittgensteiner Landes.

Wittgensteiner Kliniken AG

Bad Berleburg, im Juli 2002

Inhaltsverzeichnis

Was der Volksmund schon lange weiß, hat sich in den letzten Jahren als allgemein anerkannte Weisheit durchgesetzt: **„Gesundheit geht (auch) durch den Magen!“** Mit einer gesunden und ausgewogenen Ernährung werden viele Krankheiten vermieden, gelindert und im besten Falle sogar geheilt.
Zum richtigen Verständnis über die Bedeutung der Ernährung gehören aber nicht nur Rezepte, Kochtechniken und Zutaten. Auch das Wissen darüber, was mit den Speisen in unserem Körper geschieht, macht Zusammenhänge deutlich und erleichtert es, für sich selbst die beste Ernährungsform zu finden. Deshalb wollen wir unsere „Reise durch die gesunde Küche“ mit einem kleinen Ausflug in die Biologie beginnen.

Im Mund fängt alles an

Jeder Erwachsene hat normalerweise 30 - 32 Zähne im Mund, mit denen die aufgenommene Nahrung zerkleinert wird. Für alle Speisen gilt: **Je besser gekaut - desto besser verdaut.** Diese Binsenweisheit zu beachten, ist eine reine Übungssache, die nach wenigen Tagen der Übung in Fleisch und Blut übergeht. Gutes Kauen macht nicht nur für die Verdauung Sinn, es fördert auch nachhaltig das Geschmacksempfinden, wenn Speisen länger im Mund bleiben. Anders gesagt: **Gut gekaut schmeckt besser!**

Die Transportwege

Die Geschmacksnerven befinden sich in der Zunge: die Zungenspitze schmeckt Süßes, die vorderen Seiten Salziges, die Mitte der Zungenseiten alles Saure und der hintere Zungenbereich alles, was bitter ist.

Neben ihrer Funktion als Geschmacksorgan (und Sprechwerkzeug) ist die Zunge auch eine Art „Förderband“, über das die Nahrung in die Speiseröhre gelangt. Ein problemloses „Rutschen“ ermöglicht der Mundspeichel, der beim Kauen zugegeben wird.

Folgende Drüsen übernehmen Aufgaben in unserem Mund: Jeweils zwei Ohrspeicheldrüsen, die Unterkieferspeicheldrüsen und die Unterzungenspeicheldrüse. Alle sechs Drüsen zusammen produzieren täglich zwischen ein und anderthalb Liter Flüssigkeit! Einige in der Speichelflüssigkeit enthaltene Wirkstoffe töten Bakterien ab, andere schaffen bereits in Mund und Speiseröhre die ersten Voraussetzungen für den Stoffwechselvorgang. So ist beispielsweise das im Mundspeichel enthaltene kohlenhydratspaltende Enzym Amylase daran beteiligt, dass eine geringe Menge Stärke zu Dextrinen und dann zu Malzzucker umgewandelt wird. Die Nährstoffe Fett und Eiweiß werden dagegen in Mund und Speiseröhre noch nicht verändert.

Die Speiseröhre ist ein Muskel, der die zerkaute Nahrung weitertransportiert. Der Weg der Nahrung durch den 20 bis 25 Zentimeter langen „Schlauch“ dauert nur etwa zwei bis fünf Sekunden.

Der Magen arbeitet

Danach gelangen die Speisen in den Magen, wo die eigentliche „Verdauungsarbeit“ durch die Magensäfte erfolgt. Die Magensäfte sind:

- die Magensäure, die die Nahrung zersetzt und Bakterien beseitigt.
- verschiedene Enzyme, die die einzelnen Nährstoffe umwandeln.
- der Magenschleim, der die Magenwand vor zersetzender Säure schützt.

Je nach Nährstoffgehalt der Speisen beträgt ihre Verweildauer im Magen zwischen einer Stunde (zum Beispiel bei Milchnahrung) bis fünf Stunden oder länger (bei fettreicher Kost). Vom Magen aus gelangen die Nährstoffe in den oberen Abschnitt des Dünndarmes, den sogenannten Zwölffingerdarm.

Fett wird gespaltet

Hier wird der in der Leber produzierte Gallensaft zugeführt, dessen Gallensäuren spaltend auf Fette wirken. Außerdem mündet die Bauchspeicheldrüse in den Zwölffingerdarm und versorgt ihn mit verschiedenen Enzymen, die für eine weitere Spaltung in verwertbare und nicht verwertbare Stoffe sorgen.

Die verwertbaren Stoffe werden durch die Dünndarmwand aufgenommen und gelangen in die Blut- oder die Lymphbahnen. Damit ist der eigentliche Verdauungsprozess abgeschlossen. Die nicht verwertbaren Nahrungsbestandteile bleiben im Dickdarm zurück und werden ausgeschieden. Diese sogenannten „Ballaststoffe“ sind sehr wichtig für die Anregung der gesamten Darmtätigkeit und sollten deshalb stets in unserer Nahrung enthalten sein.

Essen gehört zu den angenehmsten Dingen im Leben. Wer das erkannt hat, für den ist ein abwechslungsreicher Speiseplan eine Selbstverständlichkeit. Wenn beim „Essen als Genuß" auch die Gesundheit nicht zu kurz kommen soll, dann ist die Kenntnis über die richtigen Bausteine der Ernährung eine wertvolle Hilfe. Genau diese Hilfe möchte ich Ihnen mit diesem Kapitel „Bausteine" geben.

Zu welchen Teilen, oder besser: in welchem Verhältnis unsere Ernährung aus den Bausteinen Kohlenhydrate, Eiweiß und Fett bestehen sollte, zeigt der nebenstehende „Lebensmittelkreis". Auf den folgenden Seiten ist stichpunktartig beschrieben, in welchen Nahrungsmitteln diese Bestandteile enthalten sind und welche Funktionen sie für unseren Körper haben.

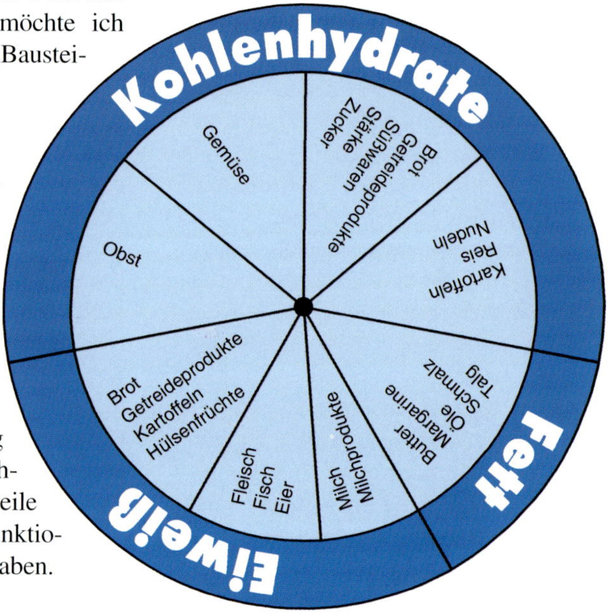

Bitte beachten Sie, dass eine Einteilung in wertvolle und weniger wertvolle Nahrungsmittel nicht immer einfach ist. Aktuelle Gegebenheiten können im Einzelfall eine besondere Beurteilung notwendig machen. So sind beispielsweise Innereien zwar sehr nährstoffreich, sie können aber aufgrund der hohen Schadstoffbelastung nur bedingt empfohlen werden. Betrachten Sie deshalb die Information über die „Bausteine" als reine Empfehlung und weniger als Gebot oder Verbot.

! Und noch ein allgemeiner Tipp: Ohne Wasser läuft im inneren Stoffwechsel nichts, denn Wasser gehört zu den lebensnotwendigsten Nährstoffen! Zusätzlich zu der Flüssigkeit, die mit den Nahrungsmitteln aufgenommen wird, sollten Sie deshalb jeden Tag 1,5 bis 2 Liter trinken.

Bei der Zusammensetzung des Eiweißes wird in zwei Arten unterschieden:

- **tierisches Eiweiß** (zum Beispiel in Milch, Fisch, Vollei, Rindfleisch)
- **pflanzliches Eiweiß** (zum Beispiel in Nüssen, Soja, Hülsenfrüchten, Getreide).

Die Aufgaben des Eiweißes:
Zellaufbau, Zellerneuerung, Hormon- und Enzymbildung.

Der Eiweißbedarf beträgt etwa 40 g pro Tag und kann sowohl in tierischer, als auch in pflanzlicher Form aufgenommen werden. Erhöht werden sollte dieser Bedarf nur im Wachstum, während der Schwangerschaft oder bei Unterernährung.

Das Eiweiß in der Nahrung wird im Magen in Aminosäuren zerlegt, die dann von der Dünndarmschleimhaut angenommen werden.

! Alle essentiellen Aminosäuren sind lebenswichtig und müssen dem Körper zugeführt werden.

1 g Eiweiß entspricht 4,1 Kcal. oder 17,2 kJ.

Die Hauptenergielieferanten sind die Fette und Kohlenhydrate.

Die Maßeinheit für Energie ist **Kcal** (Kilokalorie) und **kJ** (Kilojoule)

- Kcal. = Wärmeeinheit
- kJ = Krafteinheit

1 g Kohlenhydrate sind
4,1 Kalorien = 17 kJ

1 g Fett sind
9,3 Kalorien = 38,9 kJ

1 g Eiweiß sind
4,1 Kalorien =17,2 kJ

Das Eiweiß spielt für die Energiegewinnung eine nur untergeordnete Rolle.

Der **Grundumsatz**: ist die Energiemenge, die der Körper bei völliger Ruhe benötigt.

Der **Leistungsumsatz**: ist die Energiemenge, die sich nach der jeweiligen Tätigkeit richtet.

Die Bestandteile der Fette

1 Teil Glycerin und 3 Fettsäuren (C,H,O)

Die Fettsäuren:

- gesättigte Fettsäuren und
- ungesättigte Fettsäuren (Omega 6)
- zum Beispiel die Linolsäure

Die ungesättigten Fettsäuren sollten immer höher als die gesättigten Fettsäuren sein, P/S Quotient über 1,0.

Die Kettenlänge der einzelnen Fettsäuren:

- Kurzkettige (4 oder 6 C)
- Mittelkettige (8 oder 10 C)
- Langkettige (12 und mehr) LKT

Die Aufgaben der Fette:

Brennschutz, Reservestoff, Organschutz, Kälteschutz, Vitaminträger A, D, E, K, Energie, Depotfett (unter der Haut)

Eine Veränderung der Fette kann durch Licht, Sauerstoff und Wärme auftreten.

Leicht verdauliche Fette sind:

a) emulgierte Fette
b) Fette mit niedriger Schmelztemperatur (weniger als 37 Grad!)

Fettähnliche Stoffe Lipoide:
a) Sterine (Cholesterin und Ergosterol)

Die Aufgaben des Cholesterins:

- Bestandteile der Zellmembran
- Vorstufe einiger Hormone
- Vorstufe einiger Vitamine
- Gallensaftbildung

! Cholesterin kommt nur in tierischen Nahrungsmitteln vor !

a) Ergosterol:
entsteht aus dem Cholesterin und ist die Vorstufe von Vitamin D (Provitamin).

b) Lezithin:
Kommt in Hirn, Eigelb und Hülsenfrüchten vor!

M-C-T Fett
Dieses Fett ist wasserlöslich und braucht keine Lipase. Es wird nicht gespalten.

M-C-T Fett kann angewendet werden:

a) bei Lipasemangel
b) bei Darmresektion (Operation)
c) bei Zerstörung der Darmzotten

Bei der Verwendung von M-C-T Fett beachten Sie bitte:
- kühl und dunkel aufbewahren
- bei über 200 Grad zerfällt es.

Es beginnt im Duodenum (Zwölffingerdarm) mit der Pankreaslipase (Bauchspeicheldrüse) die durch die Gallensäure aktiviert wird. Die LKT werden durch das Enzym gespalten, in Darmzellen mit Eiweißanlagerungen wieder verestert und wandern über die Lymphe ins Blut und dann zur Leber. Die MKT können gespalten werden und wandern sofort über die Pfortader zur Leber!

Das Fett, das Sie mit der normalen Ernährung täglich aufnehmen, reicht vollkommen aus, da in den Nahrungsmitteln viele versteckte Fette enthalten sind.

Benutzen Sie kaltgepreßtes Sonnenblumenöl (erste Pressung) bzw. Olivenöl. Verzichten Sie auf fettes Öl wie beispielsweise Erdnuss-Öl!

Für Salate und Salatsoßen

verwenden Sie Distelöl mit einer Linolsäure von 60% oder 75%. Benutzen Sie dieses Öl aber nie zum Braten, denn beim Erhitzen verbrennt es sehr schnell und schmeckt bitter.

Zum Einfetten z. B. eines Auflaufes können Sie eine Pflanzenmargarine verwenden. Bitte achten Sie bei der Verwendung von Pflanzenmargarine darauf, ob sie für den jeweiligen Zweck geeignet ist.

Die empfohlenen Fette reichen in der Ernährung vollkommen aus.

! Achten Sie darauf, dass Sie mehrfach ungesättigte als gesättigte Fettsäuren verwenden.

Kohlenhydrate versorgen den Körper vor allem mit Energie. Es gibt zahlreiche kohlenhydrathaltige Lebensmittel, die sich in die Gruppe der einfachen Kohlenhydrate und die Gruppe der komplexen Kohlenhydrate unterteilen lassen.

Zur Gruppe der einfachen Kohlenhydrate gehören beispielsweise Zucker und Honig. Sie werden vom Körper sehr schnell verarbeitet und stellen rasch Energie bereit. Einfache Kohlenhydrate enthalten wenig Mineralstoffe und Vitamine.

Komplexe Kohlenhydrate sind zum Beispiel Obst, Gemüse und Getreide. Der Körper verarbeitet sie zwar langsamer - dafür stellen sie jedoch ihre Energie gleichmäßiger und langandauernder zur Verfügung als die einfachen Kohlenhydrate.

Die Kohlenhydratverdauung

beginnt schon im Mund durch das Enzym Ptyalin (Speichelamylase), das zusammen mit der Amylase aus der Pankreas (Bauchspeicheldrüse) des Zwölffingerdarms Stärke zu Malzzucker abbaut.

Im Dünndarm wird die Maltase aktiv und spaltet Malzzucker zu Traubenzucker (Glucose). Die Saccharase spaltet Rohrzucker zu Traubenzucker (Glucose) und Fruchtzucker (Fructose).

Die Lactose spaltet Milchzucker in Traubenzucker (Glucose) und Galaktose.

! Bitte achten Sie darauf, dass Sie abwechslungsreiche und ballaststoffreiche Kost zu sich nehmen, damit der Darm richtig mitarbeiten muss und nicht träge wird.

Ballaststoffreiche Nahrungsmittel sind: Vollkornprodukte, Gemüse, Kartoffeln und Obst!

Baustein: Einfachzucker

1) Monosaccharide/Einfachzucker:
a) Traubenzucker – Glucose
b) Fruchtzucker – Fructose
c) Schleimzucker – Galactose
d) Mannose – Mannit

2) Disaccharide / Zweifachzucker:
a) Rohr- / Rübenzucker – Saccharose
(1 Teil Trauben- und 1 Teil Fruchtzucker)
b) Milchzucker – Maltose
(2 Teile Traubenzucker)
c) Malzzucker – Maltose
(2 Teile Traubenzucker)

3) Oligosaccharide / Mehrfachzucker:
a) Dextrine
(6 - 10 Teile Traubenzucker)
Als Beispiel: Malto Dextrin 19

! Bitte denken Sie daran: Einfach-, Zweifach- und Mehrfachzucker sind wasserlöslich!

4) Polysaccharide - Vielfachzucker:

a) Stärke = Amylom (pflanzlich)
b) Ballaststoffe (30 - 35 g pro Tag) 1. Faserstoffe (Zellulose) 2. Quellstoffe (Pektine, Guar, Johannisbrotkernmehl)

! Ballaststoffe sind nicht abbaubar und regen die Darmtätigkeit an.

5) Zuckeraustauschstoffe:
a) Fruchtzucker
b) Sorbet
c) Mannit
d) Xylit

6) Zuckerersatzstoffe
a) Zyclamat
b) Saccharin

Bedarf an Kohlenhydraten:

5 g pro kg Körpergewicht
50% der Energiemenge

Bedarfsminimum:

50 g pro Tag
10 - 15% der Energiemenge

1 g Kohlenhydrate entspricht 4,1 Kcal oder 17,2 kJ

Abbau der Kohlenhydrate:

Kohlenhydrate werden zu Einfachzucker mit Hilfe von Amylasen abgebaut. Diese werden in der Leber zu Glycogen umgewandelt und mit Hilfe des Insulins in die Zelle geschleust. Dort wird es abgebaut und setzt Energie frei.

Bei Diabetes:

Angepaßte Broteinheiten nach Bedarf!

Vitamine, Spurenelemente und Mineralstoffe braucht jeder Mensch, wenn auch zum Teil nur in kleinen Mengen. Achten sie darauf, dass ihr Körper eine ausgewogene und gesunde Ernährung bekommt. Sonst fühlen sie sich „müde und schlapp“ oder es können ernste gesundheitliche Schäden auftreten.

Vitamine

Man unterscheidet wasserlösliche und fettlösliche Vitamine. Das bedeutet für Sie: Lebensmittel, die fettlösliche Vitamine enthalten, sollten immer mit etwas Fett verzehrt werden. Wenn Sie beispielsweise eine Möhrenrohkost zubereiten, verwenden Sie dabei am besten immer einige Tropfen Öl.

Lebensmittel mit wasserlöslichen Vitaminen sollten nach Möglichkeit sehr vorsichtig und schonend behandelt werden. Kurze Gar- und Kochzeiten sind am besten. Verwenden Sie bei der Zubereitung dieser Lebensmittel möglichst wenig Wasser!

! Vitamine können licht-, sauerstoff- und auch hitzeempfindlich sein!

Vitamin A – fettlöslich

Vitamin A ist ein Wachstums- und Schönheits-Vitamin. Es fördert ganz entscheidend das Sehvermögen.

Enthalten in: Feldsalat, Endiviensalat, grünen Bohnen, grünen Erbsen, Kopfsalat, Petersilie, Rosenkohl, Tomatensaft, Sprotten, Thunfisch in Oel, Tomaten, Mandarinen, Margarine, Butter, Chicoree, Eigelb, Brombeeren, Bananen, Aprikosen, Aal, Kresse und Sauerkirschen.

Vitamin B 1 – wasserlöslich

Wichtig für den Energiestoffwechsel, die Nierentätigkeit, die Zellatmung und die Schilddrüse.

Enthalten in: Eiern, Getreideflocken, Hefe, Innereien, Milch, Nüsse, Vollkornprodukten, Schweinefleisch und Leber.

Vitamin B 2 – wasserlöslich

Vitamin B 2 ist wichtig für die Blutbildung, das Wachstum und den Kohlenhydratabbau.

Enthalten in: Milch, Leber, Spargel, Nieren, Champignons, Käse, Eigelb und Getreideprodukten.

Vitamin B 6 – wasserlöslich

Wichtig für den Energieumsatz und das Wachstum.

Enthalten in: Leber, Eigelb, Buttermilch.

Vitamin B 12 – wasserlöslich

Wichtig für den Zellaufbau, die Bildung der roten Blutkörperchen und den Eiweißstoffwechsel.

Enthalten in: Eigelb, Milch, Leber, Fleisch, Fisch (Süßwasserfisch), Roggen-, Hafer- und Weizenvollkorn.

Vitamin D – fettlöslich

Wichtig für die Knochenbildung und deren Erhaltung, Wachstum, Regulierung des Calcium und Phosphatstoffwechsels.

Enthalten in Hering, Margarine, Milch, Thunfisch und Lebertran.

Vitamin E – fettlöslich

Schützt gegen Leberschäden und fördert die Übertragung von Sauerstoff auf Energiestoffe in den Körperzellen.

Enthalten in: Butter, Leber, Eigelb, Weizenkeimen, Maiskeimöl und grünen Salaten.

Vitamin K – fettlöslich

Vitamin K hat die gleiche Wirkung wie Vitamin E; zusätzlich beeinflußt es die Gerinnung des Blutes und die Leberfunktion.

Enthalten in: Leber, Blumenkohl und Spinat.

Vitamin C – wasserlöslich

Wichtig für die Knochenbildung, das Zahnfleisch, die Widerstandskraft gegen Infektionskrankheiten und für den Gesamtstoffwechsel. Vitamin C ist empfindlich gegen Hitze.

Enthalten in: Sanddorn, Paprika, Weißkohl, Kartoffeln, Kiwi, Sauerkraut, Hagebutte, Apfel, Blumenkohl, Erdbeeren, Spinat, Grapefruit, Grünkohl, Kohlrabi, Orangen, Zitronen, Rotkohl, Rosenkohl, Meerrettich, Wirsing und Kresse

Eisen

Wichtig für den Aufbau des Hämoglobins, Sauerstofftransport, Enzymbestandteil der Gewebe.
Enthalten in: Leber, Fleisch, Blattsalaten, Spinat, Pfifferlingen, weißen Bohnen, Weizenkeimen und grünen Erbsen.

Kupfer

Wichtig für Hämoglobinsynthese, Eisen kann nur bei Anwesenheit von Kupfer ausgenutzt werden.
Enthalten in: Leber, grünen Bohnen, Eigelb, Fisch und Roggen.

Jod

Unverzichtbar für das Schilddrüsenhormon, das für den Grundumsatz verantwortlich ist.
Enthalten in: Spuren von vielen Nahrungsmitteln, hauptsächlich jedoch in Fisch, Fleisch, Milch, Weizen, Salat und Salz.
In Spuren sind vorhanden: Zink, Mangan, Kobalt und Molybdän.

Calcium

Wichtig für die Funktion der Nerven, das gesunde Skelett, Knochenaufbau, Reizleitung der Nerven.

Enthalten in Spinat, Sellerie, Mangold, Meerrettich, Lauch, Kresse, Kohlrabi, Grünkohl, Jogurt, Eier, weiße Bohnen, Quark und Oelsardinen.

Phosphor

Wichtig für Knochenaufbau, Enzymbestandteil, Kohlenhydrateaufbau, Energiestoffwechsel und Muskelfunktion.

Enthalten in Vollkorn, Nüssen, Roggenbrot, Knäckebrot, Steinpilzen, Champignons, Grünkohl, Haferflocken, Käse, Kresse, Eiern, grünen Erbsen, Fleisch, Fisch, Wirsing, Artischocken und Schmelzkäse.

Magnesium

Am Knochenaufbau beteiligt, Wirkstoff in Körperzellen und Gewebeflüssigkeit.

Enthalten in allen grünen Gemüsesorten und Blattsalaten, Nüssen, Kakao und Vollkornprodukten.

Natrium

In der Blut- und Gewebeflüssigkeit und in fast allen Lebensmitteln enthalten.

Kalium

Regulierung des osmotischen Drucks, regt die Herztätigkeit an, fördert die Natriumausscheidung und Enzym-Aktivierung.

Enthalten in Obst, Gemüse, Kartoffeln, Reis, Aprikosen und Bananen.

Chlor

Salzsäurebestandteil des Magens, Regulierung des osmotischen Drucks.

Enthalten in allen Nahrungsmitteln, aber immer in Verbindung mit Natrium.

Kräuter und Gewürze, die Sie verwenden können!

- **Anis:**
  Samen oder Pulver zum Backen
- **Basilikum:**
  frisch oder getrocknet zum Garen einlegen; zu Suppe, Salat, Fisch und Geflügel
- **Beifuß:**
  frische oder getrocknete Zweige mit Blüten für Fleisch
- **Bohnenkraut:**
  für Fisch, Bohnen, Suppe, Hülsenfrüchte
- **Borretsch:**
  auch Gurkenkraut, nur frisch verwenden nicht kochen, für Salate und Rohkost
- **Brunnenkresse:**
  nur frisch verwenden, als Salat, geschnitten im Salat,zu Suppe, Soße, evtl. als Garnierung
- **Curry:**
  ist immer eine Mischung verschiedener Gewürze, und zwar:
  Kümmel, Muskatblüte, Koriander, Pfeffer, Zimt, Paprika, Kardamon, Ingwer, Gelbwurzel und Salz
  Für Fleisch, Fisch, Suppen, Reis, Ragouts, Tomaten, Salate
- **Dill:**
  frisch oder getrocknet, auch eingefroren, zu Soßen, Salat, Rohkost, Quark
- **Estragon:**
  frische oder getrocknete Blätter zu Salaten und Soßen, als Gemüse oder unter Rohkost zum Würzen
- **Ingwer:**
  getrocknete Wurzeln, gemahlen zu Reis oder zum Einmachen
- **Kapern:**
  Blütenknospen aus dem Mittelmeerraum für Soßen, Salate, Eierspeisen
- **Kerbel:**
  frische Blättchen ähnlich wie Petersilie für Kerbelsuppe, Soßen, Suppen, Rohkost, Quark
- **Knoblauch:**
  ganze Zehen oder als Pulver zu Soßen, Salaten, Fleisch
- **Koriander:**
  aus dem Mittelmeerraum für Soßen
- **Kümmel:**
  Körner oder pulverisiert zu Quark, Kohl, Kartoffeln, Soßen
- **Liebstöckel:**
  frische Blätter zu Lamm, Fisch, Eintopf, Soßen, Ragout, Salat, Frischgemüse
- **Lorbeer:**
  ganze Blätter, zu Fisch, Soßen und zum Einlegen von Wild.
- **Majoran:**
  frische oder getrocknete Blätter zu Geflügel, Soßen, Suppen, Hülsenfrüchte
- **Meerrettich:**
  frische Wurzel, gerieben zu Rindfleisch, Fisch und Soßen (nicht kochen!)

- **Melisse:**
  (Zitrone) frische oder getrocknete Blätter zu Salat, Rohkost, Soßen, Desserts
- **Minze:**
  auch Pfefferminze, getrocknete Blätter zu Tee, Hammel, Soßen
- **Muskatnuss:**
  gerieben zu Suppen, Soßen, Gemüsen, Fleisch, Blumenkohl, Käse
- **Nelken:**
  ganz oder gemahlen zu Obst, Fleisch, Soßen, Suppen
- **Oregano:**
  zu Tomaten, Pizza, Braten, Hülsenfrüchten, Salat
- **Paprika:**
  mild oder scharf zu Fleisch, Fisch, Geflügel, Suppen, Soßen
- **Petersilie:**
  frisch getrocknet für Salat, Soßen, Suppen, Gemüse, Kartoffeln, zum Garnieren, Petersilienwurzel auch für Kraftbrühe
- **Pfeffer:**
  ob weiß oder schwarz (schwarzer Pfeffer wird aus unreifen, weißer aus reifen Früchten gewonnen) für Fleisch, Soßen, Marinaden, Salatsoßen
- **Piment:**
  getrocknete Beeren des Nelkenpfefferbaums für Suppen, Soßen, Geflügelsuppen, Eintöpfen
- **Pistazie:**
  für Dessert oder Fleischfüllung
- **Rosmarin:**
  frisch oder getrocknet für Fleisch, Soße, Suppe, Pizza
- **Salbei:**
  getrocknete Blätter für Salate, Tee, Soßen, Fisch, Fleisch
- **Safran:**
  getrocknete Blütennarbe aus der Krokusfamilie; würzt und färbt, zu Reis, Fisch
- **Sauerampfer:**
  nur frisch verwendbar zu Salaten, Quark, Soßen, Suppen
- **Schnittlauch:**
  (Lauchgewächs) fein geschnitten zu Salaten, Rohkost, Quark, Butter, Soßen, Fisch, Fleisch, Rührei
- **Thymian:**
  frisch oder getrocknet zu Fleisch, Soßen, Kartoffeln, Hülsenfrüchten, Geflügel
- **Wachholderbeere:**
  reife, getrocknete Beere des Wachholderstrauches (steht unter Naturschutz) zu Wild, Fisch, Fischmarinade
- **Zimt:**
  zu Suppen, Kompott
- **Zitrone:**
  zu Eis, Quark, Süßspeise
- **Zwiebel:**
  zu Soßen, Suppen, Fleisch und Fischgerichten

Gesundes Kochen fängt bei der Zubereitung an! Wenn Sie schonend braten und kochen, bleiben Vitamine und Nährstoffe weitgehend erhalten.

Vorteilhafte Gar- und Kochtechniken

Zum schonenden Braten eignen sich hervorragend teflonbeschichtete Pfannen, weil sie wenig Öl brauchen und auch nicht so schnell ansetzen.

Achten Sie bitte darauf, dass die Pfanne nicht weiter benutzt wird, wenn die Teflonschicht zerkratzt ist.

Der Dampftopf ist für Gemüse und Kartoffeln bestens geeignet. Garen Sie diese im Siebeinsatz des Topfes über wenig Gemüsebrühe im geschlossenen Topf. Die Gemüsebrühe können Sie als vitaminreichen Fond gut weiterverwenden! Edelstahl, AMC-Töpfe und gußeiserne Pfannen kann ich Ihnen zum Braten und Kochen empfehlen!

Der Bratenschlauch eignet sich hervorragend zum schonenden Braten. Diese Art der Zubereitung ist sehr sauber und Sie kommen mit einem Minimum an Öl aus.

Der Römertopf ist ebenfalls bestens dazu geeignet, mit wenig Öl bei Garen und Kochen auszukommen. Ein weiterer Vorteil ist, dass Sie im Römertopf Fleisch, Gemüse, Kartoffeln gleichzeitig garen können!

Achten Sie bitte in jeder Kostform darauf, dass Sie wenig Öl benutzen. Verzichten Sie aber niemals ganz auf Fett, denn der menschliche Körper benötigt es zum Beispiel als Brennschutz, Reserveschutz, Kälteschutz, Organschutz und Vitaminträger.

Brühen und Soßen dürfen in ihrer Bedeutung nicht unterschätzt werden! Einerseits, weil sie den Speisen oft den entscheidenden „Grundgeschmack" geben. Andererseits „schleichen" sich über Brühen und Soßen mitunter unerwünschte Nahrungsbestandteile in unser Essen ein.

Die Soßen- und Brühen-Rezepte auf den folgenden Seiten habe ich so zusammengestellt, dass sie bei allen Kostformen verwendet werden können.

Kraftbrühe

Zubereitung: Die in 5 bis 6 cm große Stücke zersägten Knochen in einen Topf mit heißem Wasser geben und einmal aufkochen lassen, bis sich das Eiweiß geschlossen hat. Danach das Wasser abschütten und die Knochen gut abspülen. Mit kaltem Wasser aufsetzten, die weiteren Zutaten hinzugeben (bei der leichten Vollkost Lauch und Zwiebeln weglassen) und alles zusammen 2 bis 3 Stunden köcheln lassen. Bitte keinen Deckel auf den Topf legen und nicht umrühren, da die Brühe sonst trüb wird.

Zutaten für 1 Person:

1 l	Wasser
120 g	Rinderknochen
10 g	Möhren
10 g	Sellerie
10 g	Zwiebeln
10 g	Lauch
10 g	Petersilienstengel
1	Wachholderbeere
1	Lorbeerblatt
1	Piment
1	Nelke
5 g	weißer Pfeffer
	Salz
5 g	Muskatnuss

Grundsoße

Zur Herstellung einer braunen Soße lassen Sie sich Schweine- oder Kalbsknochen in walnußgroße Stücke sägen. Geben Sie die Knochen in einen Topf mit leicht erhitztem Sonnenblumenöl und lassen Sie sie darin leicht braun werden. Anschließend geben Sie die in kleine Würfel geschnittenen Möhren, Sellerie, Zwiebeln, evtl. Petersilienstengel dazu. Sollten Sie die Soße für die leichte Vollkost herstellen, lassen Sie die Zwiebel weg (blähend), und verwenden Sie bitte auch keinen Lauch, da er leicht verbrennt und dann bitter schmeckt. Um Farbe und Geschmack zu bekommen, lassen Sie die Zutaten leicht anrösten und füllen Sie danach mit Brühe oder Wasser zu 1/3 auf. Das Ganze dann einköcheln lassen. Wiederholen Sie diesen Vorgang 2 - 3 mal, bis Sie die Soße endgültig auffüllen. Nun auch Lorbeerblatt, Nelke, Wachholderbeere und Piment hinzugeben und alles langsam 1 - 2 Stunden auskochen lassen. 1EL Tomatenmark zugeben.

Für alle Kostenformen ist ein kalorienfreies, pflanzliches Bindemittel (z. B. Johannisbrotkernmehl) erhältlich, das sich für Diabetiker und in der Reduktionskost besonders gut eignet. Damit lassen sich gebundene Suppen oder Soßen leicht zubereiten.

Zutaten für 1 Person:

100 g	Kalbs- oder Schweineknochen
10 g	Möhren
10 g	Sellerie
10 g	Zwiebeln
5 g	Petersilienstengel
1 EL	Tomatenmark
1	Nelke
1 TL	Sonnenblumenöl
5	Pimentkörner
5	Wachholderbeeren
1	Lorbeerblatt

Essig- und Oeldressing

Bei der Zubereitung einer Salatsoße können Sie entweder Essig und Öl oder saure Sahne und Jogurt verwenden. Beachten Sie bitte, dass Sie dabei Distelöl mit 60% oder 70% Linolsäure verwenden!

Ein Essig- und Öldressing stellen Sie wie folgt her: 2/4 Wasser, 1/4 Distelöl, 75% Linolsäure und 1/4 Essig.

Es werden verschiedene Essig-Sorten angeboten, zum Beispiel Apfel-, Wein-, Kräuter-, Himbeer-, Obst- oder Sherryessig. Sie können in jeder Ernährung verwendet werden. Schmecken Sie nun alles ab mit Senf, Zitrone, weißem Pfeffer, Schnittlauch, Kresse, Borretsch, Süßstoff, Petersilie, Dill, oder der Kräuterwürzmischung „Aromano".

Sonnenblumen-, Oliven- und Distelöl

Zum Braten reicht es völlig aus, wenn Sie ein Sonnenblumenöl verwenden. Die Marke ist nicht von Bedeutung. Als Alternative zum Sonnenblumenöl eignet sich Olivenöl.
Von Erdnuss-Öl rate ich Ihnen ab, weil diese Öle in jeglicher Ernährung zu fetthaltig sind.

Verwenden Sie Distelöl mit 60-70%iger Linolsäure nur für Salate und Salatsoßen, aber nicht zum Backen und Braten. Distelöl verbrennt nach dem Erhitzen und es entsteht ein bitterer Geschmack.
Das Gleiche gilt auch für Pflanzenmargarine: Sie verbrennt beim Kochen, Braten oder Backen und sollte deshalb nicht verwendet werden. Zum Einfetten einer Auflaufform kann Pflanzenmargarine verwendet werden - allerdings nur bei Gemüseaufläufen, weil das Gemüse in der Form im Prinzip nur heiß gemacht wird.

Die Leichte Vollkost, eine Abwandlung der Normalkost, ist beispielsweise sinnvoll bei Erkrankungen von Magen, Leber, Galle oder des Darmtraktes.

Vermeiden Sie möglichst solche Nahrungsmittel, die Unverträglichkeiten auslösen können(s. nebenstehende Liste). Außerdem halte ich es für sehr wichtig, dass Sie täglich lieber fünf bis sechs kleine Mahlzeiten einnehmen, anstatt drei große. Weiterhin sollte man nie zu heiß, zu kalt oder zu hastig essen und keine panierten, gepökelten und geräucherten Speisen zu sich nehmen.

Verwenden Sie viele frische Gemüse, Salate und Kräuter in der Zubereitung. Alle Gerichte sollten nach Möglichkeit nur kurz gegart werden, damit viele Vitamine, Mineralstoffe erhalten bleiben!

Die Basiskost ist eine normal kalorische Kost (ca. 2200 kcal bzw. 9240 kJ) wobei Überernährung ebenso unerwünscht ist wie Unterernährung.

Als Zubereitungsarten empfehle ich Ihnen in der leichten Vollkost Kochen, Dünsten, Dämpfen, Garen in der Bratenfolie, Römertopf, Edelstahltopf oder Teflonpfanne!

Nahrungsmittel in der leichten Vollkost, die häufig Unverträglichkeiten auslösen können:

- Hülsenfrüchte
- Gurkensalat
- fritierte Speisen
- Weißkohl
- Kohlensäure enthaltende Getränke
- Grünkohl
- fette Speisen
- Paprikagemüse
- Sauerkraut
- Rotkraut
- süße und fette Backwaren
- Zwiebeln
- Wirsing
- Pommes frites
- hart gekochte Eier
- frisches Brot
- Bohnenkaffee
- Mayonnaise
- Kartoffelsalat
- Geräuchertes

Wenngleich diese aufgeführten Nahrungsmittel normalerweise nicht empfehlenswert sind, ist ihre Verträglichkeit doch individuell verschieden. Deshalb gilt: Was Ihnen schmeckt und was Sie gut vertragen, darauf brauchen Sie auch nicht verzichten.

Gesunde Ernährung beginnt bereits am Frühstückstisch! Deshalb sollte man bereits bei den ersten Mahlzeiten des Tages darauf achten, dass sie abwechslungsreich sind und dem Körper vor allem solche Nahrung anbieten, die er für die Muskeltätigkeit braucht.

Diese Grundsätze gelten auch bei der Leichten Vollkost, die morgens aus folgenden Bestandteilen bestehen sollte:

- Mehrkornbrot oder -brötchen, Schwarzbrot, Grahambrot, Knäckebrot, Leinsamen, Weizenvollkornbrot,
- Butter oder Pflanzenmargarine,
- verschiedene Marmeladen (zum Beispiel Aprikose, Erdbeer, Himbeer, Heidelbeer, Brombeer, rote oder schwarze Johannisbeere), Honig,
- magerer Aufschnitt mit einem Fettgehalt um 10 % (zum Beispiel Geflügel, Rind, Aspik, Corned beef, Roastbeef),
- Käse: alle Sorten mit einem Fettgehalt um 40 %,
- Magerquark, Frischkäse, fettarme Milch (1,5% bis 3,5 % Fettanteil), Buttermilch, Dickmilch, Kefir, Jogurt mit oder ohne Frucht,
- Frisches Obst und Obstsäfte (zum Beispiel Orangensaft).

Wenn der Cholesterinspiegel in Ordnung ist, spricht auch nichts gegen ein bis zwei Eier pro Woche.

Beim Kaffee ist in der „Leichten Vollkost" allerdings Vorsicht geboten! Gleiches gilt für Schwarzen Tee und Pfefferminztee. Ausweichmöglichkeiten gibt es aber reichlich und mindestens ebenso schmackhaft. Zum Beispiel Schonkaffee und Malzkaffee oder verschiedene Teesorten, die wohlschmecken, -riechen und -tuen, wie etwa Kamille, Malve, Hagebutte, Fenchel und Anis.

Ein Müsli kann mit Haferflocken, Rosinen, Äpfeln, Birnen, fettarmem Jogurt, Milch, Dickmilch oder Kefir verfeinert werden.

Mit den nachfolgenden Frühstücksrezepten sollen einige Beispiele für das richtige Frühstück im Rahmen der Leichten Vollkost gegeben werden. Wer früh morgens noch nichts oder nicht so viel zu sich nehmen kann, sollte es mit mehreren Zwischenmahlzeiten im Laufe des Vormittags versuchen. Auch hierfür einige Beispiele.

Frühstücksbeispiel 1:

250 ml	Kaffee oder Tee
10 g	Zucker bzw. Süßstoff
10 g	Kondensmilch
40 g	Roggenbrötchen
50 g	Grahambrot
20 g	Butter
20 g	Honig
25 g	Himbeermarmelade
30 g	Geflügelmortadella

Frühstücksbeispiel 2:

250 ml	Milch, Buttermilch
10 g	Zucker bzw. Süßstoff
40 g	Mehrkornbrötchen
50 g	Leinsamenbrot
25 g	Pflanzenmargarine
25 g	Brombeermarmelade
30 g	Tilsiter Käse 40%
60 g	gekochtes Ei
20 g	Roastbeef

Frühstücksbeispiel 3:

250 ml	Orangensaft
20 g	Knäckebrot
35 g	Sesambrötchen
40 g	Mischbrot
20 g	Butter
20 g	Corned beef 10%
30 g	Schweizer Käse 30%
140 g	Müsli (bestehend aus Äpfel, Birne, Haferflocken, fettarmer Jogurt, Süßstoff)

Brötchen mit Leinsamen:

Zubereitungszeit: ca. 30 Minuten; Zeit zum Gehen: ca. 40 Minuten; Heizen Sie den Backofen auf 200° C vor, dann beträgt die Backzeit 15 - 20 Minuten.

Sie brauchen für 10 Brötchen:

150 g	Weizenvollkornmehl
100 g	Roggenmehl Type 997
20 g	frische Hefe
25 g	Fruchtzucker
200 ml	lauwarmes Wasser
20 g	Sonnenblumenöl
1	Messerspitze Koriander
10 g	Margarine
20 g	Sesam
1/8 TL	Salz

1) Geben Sie Weizen- und Roggenmehl (das Sie vorher durchgesiebt haben) in eine Schüssel und drücken Sie in die Mitte eine Mulde.

2) Den Fruchtzucker und die Hefe hineinbröckeln, einen Teil des Wassers und etwas Mehl vom Rand zu einem Vorteig verrühren. Etwas Mehl darüberstäuben und den Vorteig abgedeckt an einem warmen Ort etwa 15 Minuten gehen lassen.

3) Dann das Öl, den Sesam, wenig Salz und soviel Wasser unterkneten, dass ein geschmeidiger Teig entsteht. Etwa 10 Minuten kneten, abdecken und etwa 15 Minuten gehen lassen.

4) Den Teig erneut durchkneten und in gleichgroße Stücke teilen. Diese mit bemehlten Händen zu Kugeln formen, oben jeweils mit einem Kreuzschnitt versehen, mit Wasser bestreichen und mit Sesam bestreuen.

5) Die Brötchen auf ein gefettetes Backblech legen, dann 10 Minuten gehen lassen und 15 - 20 Minuten backen. Anschließend gut auskühlen lassen.

Apfeljogurt

125 g	Jogurt
1	Apfel
2 EL	Cornflakes
	Zucker nach Wunsch

Jogurt und Äpfel sowie die Cornflakes vermengen und mit etwas Zucker abschmecken.

Salat Asia

30 g	Eisbergsalat
4 EL	Jogurt aus Magermilch
50 g	Tomate
1/2	Orange
10 g	Würzmischung „Picanto"
20 g	Mischbrot

Orangen filieren und in Streifen schneiden. Ebenso die Tomaten. Beides mit Jogurt vermischen und mit „Picanto" abschmecken. Den gewaschenen, kleingeschnittenen Eissalat mit der Soße unterheben und in eine Salatschale geben. Ausgarnieren und dazu 1 Scheibe Mischbrot reichen.

Gefüllte Hüttentomate

1	Tomate
50 g	Hüttenkäse
1 Sch	Grahambrot
1 EL	Kräuter: Petersilie, Dill, Kresse
	Pfeffer
	Salz

Tomate aushöhlen und das Fruchtfleisch mit dem Hüttenkäse vermengen. Kräuter unterheben, mit etwas Salz und Pfeffer abschmecken. Die fertige Masse in die ausgehöhlte Tomate füllen, auf einem großen Salatblatt anrichten und mit Petersilie ausgarnieren.

Buttermilch-Sandorn-Flip

1/2 l	Buttermilch
1/2 l	frisch gepresster Orangensaft
2 EL	Sandornsaft
	Süßstoff
5 g	gehackte Pistazien
1	Erdbeere

Die Buttermilch, den Orangensaft und den Sandornsaft verrühren und abschmecken mit Süßstoff, dann in ein Glas füllen und die gehackten Pistazien darüberstreuen.

Gemüsebrühe

1/2	Karotte
1/8	Sellerieknolle
25 g	Kohlrabi
25 g	Blumenkohl
25 g	Broccoli
1	Nelke
2	Wachholderbeeren
20 g	Petersilienwurzel
1/2	Tomate
	Salz
6	Pfefferkörner
10 g	Majoran
10 g	Liebstöckel
10 g	Petersilie
10 g	Muskat

Gemüse waschen, putzen und in kleine Würfel schneiden. Nun das Gemüse mit 1 1/4 Liter kaltem Wasser aufsetzen, aufkochen und leicht köcheln lassen. Nach 10 Minuten die Gewürze, Salz, Pfefferkörner hinzugeben und weitere 20 Minuten köcheln lassen. Die Kräuter und Tomate waschen, hinzugeben und nochmals 15 Minuten köcheln lassen. Mit Muskat abschmecken (aber vorsichtig sein, damit sie nicht trübe wird). Als Einlage: Sellerie, Karotten, Rote Bete-Streifen oder Quarknocken verwenden.

Wittgensteiner Sonntagssuppe

1/2 l	Rindfleischbrühe
1	Ei
10 g	gesiebtes Mehl
100 ml	Milch
5 g	gehackte Minze oder Zitronenmelisse
10 g	Sonnenblumenöl
	Salz
20 g	mageres Kalbfleisch
1	Eigelb
1/8 l	süße Sahne
	Pfeffer
2 g	Thymian
2 g	Muskat

Eier, Milch und Mehl verrühren, mit Muskat und Salz abschmecken und in Öl ausbraten. Geben Sie in den Teig noch die Zitronenmelisse oder Minze hinzu.

Das Kalbfleisch würzen und im Mixer pürieren. Eigelb, süße Sahne, Thymian zugeben. Mit der Farce die Pfannkuchen bestreichen und einrollen. In einem Teil der Brühe gar ziehen lassen. Nun aus dem Fond nehmen und in 1 - 2 cm dicke Scheiben schneiden.

Die Einlage in vorgewärmte Teller setzen und mit Rindfleischbrühe servieren. Evtl. mit Minzblatt garnieren.

Kräutersuppe „Moderne Art“

1/2 l	Rindfleischbrühe
1/2	Karotte
1	Kartoffel
2 Sch.	Weißbrot
10 g	Sauerampfer
10 g	Petersilie
10 g	Liebstock
1/4	Sellerie
10 g	Kresse
10 g	Borretsch

Die Kräuter kalt abspülen, die zarten Blätter abzupfen und grob zerreißen (nicht feinschneiden, sonst würde das Aroma verloren gehen). Karotte, Sellerie und Kartoffel schälen, in feine Würfel schneiden und in der Rindfleischbrühe gar kochen lassen. Nun das Weißbrot in feine Streifen schneiden, mit den gezupften Kräutern in eine Tasse oder Teller streuen und mit der heißen Brühe übergießen. Gleich servieren.

Filetgoulasch Stroganoff

160 g	Rinderfilet (Filetspitzen)
10 g	SB Öl
80 g	Champignons
30 g	Gewürzgurke
10 g	Butter
1/8 l	Rotwein
	Salz
	Zitronensaft
1/8 l	süße Sahne
1/8 l	saure Sahne
	Pfeffer
10 g	Senf

Das Fleisch kurz kalt abwaschen, abtrocknen und in feine Streifen schneiden. Mit 10 g Öl anbraten, herausnehmen und warmstellen. Geschnittene Champignons in Butter andünsten, nun Rotwein und gestiftete Gurken hinzugeben. Saure Sahne mit etwas Senf anreichern, zu der Soße geben und kurz aufkochen lassen. Fleisch hineingeben, abermals aufkochen und mit Salz, Pfeffer und Zitronensaft fein abschmecken. Zuletzt süße Sahne unterziehen.

Ochsensteak auf Selleriebett mit Broccoli

150 g	Ochsenlende
10 g	SB-Öl
30 g	Sellerie geputzt
5 g	Margarine
120 g	Broccoli
10 g	Butter
	Salz
	Pfeffer

Den Sellerie waschen, putzen, in feine Streifen schneiden und in der Margarine leicht andünsten. Den Broccoli in etwas Salzwasser kochen (aber nicht zu weich werden lassen). Das Ochsensteak parieren und leicht andrücken. Mit Salz, Pfeffer würzen und in Öl braten. Anschließend auf das Selleriebett legen, in der Zwischenzeit den blanchierten Broccoli in 10 g Butter leicht andünsten - aber vorsichtig behandeln, damit er ganz bleibt. Nun an die Ochsenlende legen und servieren.

Schweinefilet mit Blattspinat und Käse

150 g	Schweinefilet
120 g	Blattspinat
10 g	SB-Öl
10 g	Butter
	Salz
10 g	frische Kräuter: Dill,
2 g	Petersilie, Kresse
20 g	geriebener Käse 40%
10 g	Knoblauch
	Pfeffer

Den Spinat auftauen und abtropfen lassen. Das Schweinefilet flachdrücken und in 10 g SB-Öl auf jeder Seite 3 Minuten braten (es sollte noch leicht rosa sein). Das Fleisch mit Salz und Pfeffer würzen anschließend warmstellen. Die feingehackte Knoblauchzehe in die heiße Pfanne geben, kurz in dem restlichen Fett anrösten. Den Spinat zugeben und in der Pfanne heiß werden lassen; dabei wenden und mit etwas Salz würzen. Nun die 10 g Butter, Dill, Petersilie und Kresse kurz zergehen lassen, über das Fleisch geben und mit Käse bestreuen. Noch einmal kurz überbacken und servieren.

Schweinefilet mit Fenchelknollen und Staudensellerie

150 g	Schweinefilet
1	Fenchelknolle
1	Staudensellerie
	Salz
1/8 l	Weißwein
10 g	SB Öl
	Pfeffer

Das Schweinefilet von Fett und Sehnen befreien, mit Salz und Pfeffer würzen, etwas einziehen lassen und von allen Seiten mit Öl goldbraun anbraten. Aus der Pfanne nehmen und in den Römertopf setzen. In der Zwischenzeit Fenchel und Staudensellerie putzen, waschen und vierteln und zu dem Filet geben. Etwas Brühe aufgießen und den Weißwein auffüllen. Alles 60 Minuten garen lassen und dann servieren.

Kalbsteak mit Champingnons

150 g	Kalbssteak (Oberschale)
2	Tomaten
15 g	Butter
10 g	SB-Öl
100 g	frische Champignons
1	kleiner Zweig Rosmarin
1 TL	Zitronensaft
10 g	Petersilie
	Salz
	Pfeffer

Das Kalbsteak leicht klopfen, mit Zitronensaft beträufeln und mit Salz und Pfeffer würzen. 10 g Öl erhitzen und das Steak 3 - 4 Minuten von jeder Seite braten.

Die Champignons vorher putzen, waschen und dünnblättrig schneiden. Die Tomaten auf der Oberseite kreuzweise einschneiden und je ein Butterflöckchen und Rosmarin daraufgeben. Gleichzeitig in einer anderen Pfanne die restliche Butter erhitzen und die Champignons darin braten, bis die Flüssigkeit verdampft ist. Die Tomaten bei 150 Grad etwa 8 - 10 Minuten im Backofen lassen. Das Fleisch auf einer vorgewärmten Platte anrichten und die Champignons darübergeben. Das Bratfett des Steaks kurz aufschäumen lassen und Petersilie zugeben.

Kalbfleisch im Eimantel mit Kohlrabistreifen

180 g	Kalbfleisch (Rolle)
1	Ei
10 g	Butter
	Salz
1/2 TL	Zitronensaft
10 g	Petersilie
100 g	Kohlrabi
10 g	SB-Öl

Das Kalbfleisch in kochende Brühe legen (s. Seite 23) und gar kochen. Anschließend die Brühe beliebig verwenden (beispielsweise tiefgefrieren). Fleisch abkühlen lassen und in Scheiben schneiden. Nun mit Zitronensaft beträufeln und evtl. etwas nachwürzen. In gequirltem Ei wenden und in heißes Öl legen. Sofort das restliche Ei darüber gießen und die Fleischscheiben auf beiden Seiten leicht anbraten. Mit gehackter Petersilie bestreuen. Die Kohlrabi schälen, in Streifen schneiden und auch in der Brühe garen, so dass sie noch etwas fest sind. Abtropfenlassen und in 10 Gramm Butter anschwenken. Anschließend servieren.

Geschmorte Hasenkeule mit Rosenkohl und Mandeln

250 g	Hasenkeule
	Salz
	Pfeffer
	Wachholderbeere
1	Lorbeerblatt
15 g	SB-Öl
10 g	Karotte
10 g	Sellerie
10 g	Petersilie
3	Kirschtomaten
1/2 TL	Mehl
150 g	Rosenkohl
10 g	Butter

Hasenkeule mit Salz, Pfeffer würzen und in SB-Öl anbraten. Petersilie zufügen und mit Brühe oder Wasser angießen. Im geschlossenen Topf 50 Minuten schmoren lassen. Wachholderbeere und Lorbeerblatt mitkochen lassen. Karotte und Sellerie waschen, schälen, in Würfel schneiden und hinzuzugeben. Danach weitere 30 Minuten köcheln lassen (bei Bedarf Brühe oder Wasser nachgießen). Während der letzten 3 Minuten die abgezogenen ganzen Tomaten mitgaren.
Fleisch und Tomaten herausnehmen, den Fond mit restlicher Brühe aufgießen und mit Johannisbrotkernmehl oder Mehl anbinden. In der Zwischenzeit den Rosenkohl in leicht gesalzenem Wasser oder Brühe garen, abgießen und in 10 g Butter anschwenken. Mit Mandeln bestreuen und zusammen mit der Hasenkeule und den abgezogenen Tomaten anrichten.

Wildente nach Bauernart mit Gefülltem Apfel

1	Wildente
15 g	SB-Öl
30 g	Butter
80 g	Kartoffeln
80 g	Karotten
70 g	grüne Erbsen
	Salz
2 g	Majoran
1	Apfel
20 g	Preißelbeeren
	Pfeffer

Die gewaschene und abgetrocknete Wildente etwa 20 Minuten von jeder Seite in 15 g SB-Öl anbraten, dann in Teile zerlegen. Die in Butter angedünsteten Kartoffeln, Karotten, gekochte grüne Erbsen und etwas Bratensaft zugeben, jetzt langsam etwa 30 Minuten bei schwacher Hitze garen lassen und mit Salz und Majoran abschmecken. Den Apfel waschen, Kerngehäuse ausstechen und im Ofen garen (so, dass er noch fest bleibt). Anschließend mit Preißelbeeren füllen und zu der Wildente geben.

Flambierte Lammkoteletts mit Pfifferlingen

150 g	Lammkotelette
10 g	SB-Öl
1/2	Eigelb
1/8	Likörglas Whisky
1/4	Likörglas Rotwein
1/8 l	Sahne
	Salz
10-15	grüne Pfefferkörner
1/4 TL	Zitronensaft
	Muskatnuss
80 g	Pfifferlinge
5 g	Butter
10 g	Petersilie
10 g	Knoblauch
	Pfeffer

Das Lammkotelett abwaschen, abtrocknen und entfetten. Eine Mischung aus Öl, Knoblauch, Pfeffer und etwas Salz zubereiten. Das Kotelett damit einreiben und etwa 50 Minuten ziehen lassen. Nun mit 10g Öl anbraten, flambieren, aus der Pfanne nehmen und warm stellen. Den Bratenfond mit Sahne und grünem Pfeffer etwas einkochen lassen. Jetzt mit Zitronensaft und Muskat abschmecken und zu dem Kotelett geben. Die Pfifferlinge in Butter angehen lassen, mit Petersilie bestreuen und zu dem Lammkotelett reichen.

Lammragout im Römertopf

130 g	Lammfleisch
2	Tomaten
50 g	Kartoffeln
50 g	Möhren frisch
50 g	Champignons
30 g	Erbsen
20 g	Hartwurst 10%
1/8 l	Rotwein
1/8 l	Kraftbrühe, Rezept S. 29
	Salz
	Pfeffer
3 g	Majoran
1	Knoblauchzehe

Das Fleisch waschen, entfetten und enthäuten. In etwa 3 cm große Würfel schneiden. Gemüse putzen und die Tomaten, Kartoffeln und Möhren würfeln. Ebenso die Hartwurst. Champignons vierteln und alles mit den Erbsen und dem Fleisch vermischen. Geriebenen Knoblauch, Salz und Majoran darüberstreuen und alles in den gewässerten Römertopf geben. Die Kraftbrühe lauwarm darübergießen. Abdecken und gut 2 1/2 Stunden garen lassen. Zuletzt mit Rotwein und etwas Salz abschmecken.

Truthahn-Brustfilet mit Blumenkohl

2	Truthahn-Brustfilet
40 g	gekochter Schinken
30 g	Schweinemett
	Salz
10 g	Öl
1/2 TL	Thymian
1/2 EL	Mehl
15 g	Butter
10 g	Mandelblättchen
1/8 l	Trockener Wein
100 g	Blumenkohl
10 g	Butter
	Pfeffer

Die Brustfilets mit einer Scheibe gekochten Schinken und 30 g abgeschmecktem Mett belegen. Mit Salz, Pfeffer und einer Prise gemahlenem Thymian würzen. Die Rouladen aufrollen und mit Spießchen feststechen. In der Pfanne SB-Öl erhitzen und mit etwas Mehl bestäuben. Bei mittlerer Hitze den Truthahn rundum anbraten. Hitze etwas abnehmen und zugedeckt 15 Minuten weiterbraten. Jetzt aus der Pfanne nehmen und warmstellen. Die Mandelblättchen in der Pfanne langsam hellbraun werden lassen. Den Wein zugießen, aufkochen lassen, Pfanne von der Kochstelle nehmen. Die restliche Butter in Flöckchen untergeben und die Soße zu den Rouladen servieren. Den Blumenkohl reinigen und in einer Gemüsebrühe bissfest kochen. Die kleinen Röschen leicht in der Pfanne mit etwas Butter anschwenken und zu den Rouladen reichen.

Truthahn-Exotisch mit Wildreis

150 g	Truthahnschnitzelfleisch
30 g	frische Kokosnuß
1/2	Mango
1/2 EL	„Gewürzmischung Picanto"
	Salz
10 g	SB-Öl
50 g	Schlagsahne
30 g	Bambussprossen
50 g	Wildreis
	weißer Pfeffer

Schneiden Sie das Kokos-Fruchtfleisch mit dem Sparschälmesser in schmale Streifen. Die Mango schälen, Fruchtfleisch in Spalten schneiden und halbieren. Die Bambussprossen zugeben und das Fleisch in Stücke schneiden. Das SB-Öl in einer Pfanne erhitzen und das Truthahn-Fleisch darin anbraten. Bambussprossen und Kokosstreifen kurz mitbraten. Gewürzmischung „Picanto" darüberstreuen und anschwitzen.

Mit 1/8 l Gemüsebrühe (siehe Seite 40) ablöschen, salzen, pfeffern und zugedeckt drei Minuten garen. Sahne zugeben und kurz aufkochen lassen. Mangostücke unterheben und auch heiß werden lassen. Nochmals mit etwas Gewürzmischung „Picanto" abschmecken. Den Wildreis in der Gemüsebrühe abkochen und zu dem Truthahn reichen.

Lachsforelle auf Blattspinat und Champignons

1	Lachsforelle
10 g	SB-Öl
	Salz, Pfeffer
20 g	Petersilie
150 g	Champignons frisch
80 g	Tomate
10 g	Butter
30 g	Kochschinken
80 g	Spinat
1/2	Zitrone

Forelle waschen, mit Salz und Pfeffer von innen und außen würzen, auf ein eingefettetes Blech vom Backofen legen und einige Male an der Oberseite schräg anschneiden. Den Kochschinken würfeln. 10 g der Petersilie hacken. Zitronen heiß abwaschen, die Schale abreiben und den Saft auspressen. Champingnons putzen und die Hälfte fein hacken. Die kleingeschnittenen Zutaten, Zitronenschalen und -saft verrühren und den Fisch damit in der Bauchhöhle und den Einschnitten füllen. Zweite Zitrone in Scheiben schneiden und in die Bauchhöhle der Forelle legen. 20 Minuten garen. Nun die Tomate putzen, häuten, vierteln, entkernen und würfeln. Champignons in Scheiben schneiden und die restliche Petersilie zugeben. Fett erhitzen und alles kurz anbraten. Den Spinat zugeben und alles vermengen. Mit Salz, Pfeffer würzen. Lachsforelle mit dem Gemüse auf Platte anrichten und servieren.

Überbackenes Rotbarschfilet mit Bananen

200 g	Rotbarschfilet
1	Zitrone
	Salz
5 g	Butter zum Ausfetten
1/8 l	Weißwein
1	Banane
50 ml	Kondensmilch
30 g	alter Holland - Gouda 40 %
20 g	geschnittene Mandeln
1 EL	Tomatenmark
	Pfeffer

Das Rotbarschfilet waschen und nach dem Trocknen mit Zitronensaft und Salz einreiben. Feuerfeste Form gut ausbuttern, den Fisch hineinlegen und den Wein zufügen. Die Banane zerdrücken, Kondensmilch, Tomatenmark und geriebenen Gouda unterrühren und zum Schluß die etwas angerösteten Mandeln unterziehen. Die Masse auf dem Fisch verteilen und etwa 30 Minuten garen. Mit Reis und Chicoree servieren.

Leinsamen Sesamkartoffeln

Backofenblech mit SB-Öl ausfetten. Sesam und Leinsamen auf je eine Hälfte streuen. Frische Kartoffeln waschen, bürsten und halbieren (aber bitte nicht schälen!). Nun mit der Schnittfläche auf das Blech legen und je nach Ofen etwa 45 - 55 Minuten garen.

Kartoffelrosetten aufs Blech gespritzt

150 g	Kartoffeln
	Salz
20 g	Butter
1	Eigelb
2 g	Muskat

Kartoffeln waschen, schälen und in Brühe (s. Seite 40) kochen. Nach dem Abgießen abdämpfen und pürieren. Die Butter unterrühren und das Eigelb unterheben, wobei eine glatte Masse entstehen sollte. Abschmecken mit Salz und Muskat.

Das Blech leicht ausbuttern und den Ofen vorheizen. Nun mit dem Spritzbeutel aufspritzen und goldgelb backen (ca. 10 - 15 Minuten).

Ausgehöhlte Kartoffeln mit Petersilienfüllung

1	große Kartoffel
5 g	Butter
	Salz
10 g	Petersilie
2 g	Muskat

Die Kartoffel waschen, bürsten und kochen. Die Kartoffel der Länge nach halbieren und die Kartoffelmasse herausnehmen. Diese mit Butter, Salz, Muskat und Petersilie vermengen, alles mit dem Spritzbeutel wieder hineinspritzen und im Backofen leicht bräunen lassen.

Bunter Reis mit Erbsen und Karotten

80 g	Reis
10 g	Erbsen
10 g	Karotten
1/2 l	Brühe

Den Reis in der Brühe gar kochen und abschütten. Die Erbsen und Möhren ebenfalls in einem Teil der Brühe blanchieren und unter den Reis heben. Mit etwas Petersilie bestreuen und servieren.

Nudelbeilage für vier Personen

200 g	Weizenmehl Typ 1050
2	Eiweiß
25 g	Hartweizengrieß
	Salz
1/8 l	Wasser
15 g	Margarine
2 g	Muskat

Das Mehl mit dem Grieß mischen. Eiweiß, Salz, Muskat und etwas Wasser zugeben und zu einem Teig kneten, bis er geschmeidig ist. Anschließend 1 Stunde ruhen lassen. Den Nudelteig dünn ausrollen und in ca. 1 Zentimeter breite Streifen schneiden. Dann etwa 5 Minuten in der Gemüsebrühe oder Wasser garen lassen (aber so, dass sie noch bißfest bleiben). Anschließend herausnehmen und in Margarine anschwenken.

Feldsalat in Sherry-Knoblauch-Dressing und Putenfleisch-Streifen

Aus Jogurt, saurer Sahne, Knoblauch, Sherry, Salz, Pfeffer, Zitrone, Senf, Süßstoff eine Marinade herstellen.
Das in der Gemüsebrühe (s. Seite 40) gekochte und kalt gewordene Putenfleisch in feine Streifen schneiden.
Feldsalat putzen und gründlich waschen, den Dressing beim Feldsalat immer unter den Salat geben. Feldsalat anlegen und mit Streifen vom Putenfleisch auflegen!

Endiviensalat mit Essig-Öl-Kartoffeldressing

50 g	Endiviensalat
2 EL	Distelöl
1 EL	Himbeeressig
	Salz
	Süßstoff
30 g	Kochschinken
20 g	gekochte Kartoffeln
1/4 TL	Senf
	Pfeffer

Endiviensalat putzen, schneiden, waschen, Öl in ein hohes Gefäß geben, mit Schneebesen Essig unterschlagen, Salz, Pfeffer, Senf und Süßstoff zugeben, gekochte Kartoffel zerdrücken, mit dem Kochschinken in die Marinade fügen und alles über den Salat verteilen.

Radicchiosalat mit Quark-Soße

60 g	Radicchiosalat
30 g	Quark
1 TL	Kondensmilch
	etwas Zitronensaft, Salz, Pfeffer, Süßstoff, Schnittlauch, Kresse, Petersilie

Den Radicchio in Streifen schneiden. Quark, Kondensmilch, Zitrone, Salz, Pfeffer, Süßstoff und die Kräuter gut verrühren und über den Salat geben, garnieren mit Petersilie.

Birne „Sommertraum"

100 g	Birne (frisch)
1/8 l	Burgunderwein
1/8 l	Portwein
1/4	Vanilleschote
1/8	Zimtstange
1	Gewürznelke

Den Rotwein, Portwein, die aufgeschnittene Vanilleschote, Zimtstange und die Nelke zusammen aufkochen lassen. Die Birne schälen, in Würfel schneiden und bei mittlerer Hitze 8 - 10 Minuten garen lassen, dabei öfter umrühren. Nun die Birnen im Sud erkalten lassen, in Portionsschale füllen und ausgarnieren.

Buttermilchgelee mit frischen Himbeeren

100 g	Himbeeren (frisch)
3	Blatt Gelatine
10 g	Vanillezucker
1/4 l	Buttermilch
	Süßstoff
15 g	süße Sahne

Die Gelatine in etwas kaltem Wasser einweichen. Himbeeren verlesen, abspülen und abtropfen lassen. Buttermilch unterrühren und mit dem Vanillezucker erhitzen. Gelatine ausdrücken und in die Buttermilch rühren. Die Buttermilch unter öfterem Umrühren ganz auskühlen lassen. Die Sahne steifschlagen und unter die Buttermilch ziehen, so lange diese noch nicht fest ist. Himbeeren in Gläser füllen und die Masse darüber gießen und erkalten lassen, dann ausgarnieren.

Rhabarbercreme

75 g	Rhabarber (frisch)
50 ml	Wasser
	Süßstoff
1,5 Blatt	Gelatine
1/4	abgeriebene Zitrone
1/2	Vanilleschote

Den Süßstoff mit Wasser zum Kochen bringen und den in Stücke geschnittenen Rhabarber darin garen. Die eingeweichte Gelatine ausdrücken und in dem heißen Rhabarber auflösen. Mit Süßstoff, Vanilleschote und abgeriebener Zitronenschale abschmecken und kaltstellen.

Holunderbeercreme mit Zitronenmelisse

60 g	Magermilch
20 g	Holundermark
10 g	Magerquark
1,5 Blatt	Gelatine (weiß)
	Süßstoff
	Zitronenmelisse

Magermilch, Quark, Holundermark und den Süßstoff vermischen. Die Gelatine in kaltem Wasser einweichen und auflösen. Danach unter die Masse heben. Kalt stellen und ausgarnieren mit Zitronenmelisse.

Die Ernährung bei Diabetes (Zuckerkrankheit) ist gesund, abwechslungsreich und vollwertig - genauso, wie man es von einer modernen Ernährungsweise erwartet.

Die Rezeptvorschläge auf den folgenden Seiten sollen deutlich machen, dass Gaumenfreuden mit der Diabetes-Ernährung erhalten bleiben.

Großen Einfluß auf den Blutzuckerspiegel haben die Kohlenhydrate, die nur in pflanzlichen Nahrungsmitteln sowie in Milch- und Milchprodukten vorkommen. Die Zufuhr von Kohlenhydraten wird mit Hilfe einer eigenen Maßeinheit, der „BE" (Broteinheit oder Berechnungseinheit) berechnet.1 „BE" bedeutet: In der angegebenen Menge eines Nahrungsmittels sind 12 Gramm Kohlenhydrate enthalten. So hat zum Beispiel eine mittelgroße, 130 g wiegende Birne 1 BE, weil in ihr 12 Gramm Kohlenhydrate enthalten sind.

Der normale Blutzuckerspiegel beträgt 70 - 110 mg/dl. Nach dem Verzehr von Kohlenhydraten z. B. Brot, Nudeln, Reis, Kartoffeln, kann der Blutzuckerspiegel bis auf 200mg/dl ansteigen, sollte aber bis zur nächsten Mahlzeit wieder Normalwert erreichen. Zu beachten sind Alter, Gewicht, Größe, Arbeit, Freizeit und Bewegung.

Darauf sollten Sie achten:

- Sechs kleine Mahlzeiten täglich!
- An jedem Tag zur gleichen Zeit die gleichen Kohlenhydratmengen.
- Die Kalorienzufuhr ist abhängig vom Körpergewicht und vom Ausmaß der körperlichen Tätigkeit.
- Schnell verdauliche Kohlenhydrate müssen gemieden werden.
- Zum Süßen nur Zuckeraustauschstoffe verwenden.
- Letzte Mahlzeit sollte (besser noch: muss) Brot enthalten.

Frühstück mit 3 BE:

250 ml	Kaffee, Tee
	Süßstoff
10 g	Kondensmilch 4%
30 g =	1 BE Grahambrot
20 g =	1 BE Knäckebrot
10 g	Margarine
25 g =	1 BE Diabetikermarmelade
20 g	Geflügelbierschinken

Frühstück mit 4 BE:

1/4 l =	1 BE Milch fettarm
35 g =	1 BE Leinsamenbrot
30 g =	1 BE Pumpernickel
20 g	Margarine
25 g =	1 BE Diabetikermarmelade
20 g	Roastbeef
20 g	Tilsiter Käse 40%
1	Ei

Frühstück mit 5 BE:

110 g =	1 BE Orangensaft
30 g =	1 BE Roggenbrötchen
25 g =	1 BE Weizentoastbrot
35 g =	1 BE Mehrkornbrötchen
15 g =	1 BE Zwieback
25 g	Margarine
30 g	Kräuterquark
20 g	Lachsschinken
15 g	Goudakäse 40%

Kranzbrot mit frischen Gartenkräutern

500 g	Weizenvollkornmehl
25 g	Trockenbackhefe
300 ml	warmes Wasser
1/2 TL	Süßstoff, flüssig
2 TL	Salz
1	zerdrückte Knoblauchzehe
4 EL	Sonnenblumenöl
1	Eigelb
3 EL	Milch
2 EL	Schnittlauch, Petersilie, Kresse und Dill gemischt

Mehl mit Hefe vermischen. Mit lauwarmem Wasser, Süßstoff, Salz, den Kräutern, Knoblauch und Öl zu einem Teig verrühren bzw. verkneten. Etwa 30 Minuten an einer warmen Stelle gehen lassen. Nochmals den Teig gut durchkneten und weitere 30 Minuten gehen lassen. Wieder durchkneten und zu einem runden Laib formen. Nun mit dem Kochlöffel in die Mitte ein Loch bohren und mit den Händen das Loch vergrößern, so dass ein Kranz entsteht. Auf ein gefettetes Blech legen und nochmals 30 Minuten gehen lassen. Das Eigelb mit der Milch verquirlen und die Oberfläche des Kranzes damit bestreichen. Schneiden Sie ihn zickzackförmig ein. Bei 200 Grad im vorgeheizten Backofen etwa 40 Minuten backen.

Rettich-Apfel-Frischkost

100 g =	1 BE geschälter Apfel
50 g	Rettich
40 g	fettarmer Jogurt
1/4	Zitrone
	Süßstoff

Den Jogurt mit Zitrone und Süßstoff abschmecken. Den Rettich feinraspeln und den Apfel grob raspeln und unter den Jogurt ziehen. Alles nochmals nachschmecken, servieren auf einem großen Salatblatt mit frischer Petersilie.

1 BE

Gefüllter Fenchel mit Edamerkäse und Mais

1	Fenchelknolle
1 TL	Margarine
2 TL	geriebenen Edamer 40%
1 TL	grüne Pfefferkörner
	Salz
35 g =	1/2 BE Mais

Den geputzten Fenchel der Länge nach halbieren und kurz in der heißen Margarine andünsten. 1/2 Tasse Wasser zugeben und zugedeckt bei schwacher Hitze 15 - 20 Minuten dünsten. Fenchelhälften aushöhlen. Das ausgehöhlte Fenchelfleisch klein schneiden. Mit geriebenem Käse, zerdrückten Pfefferkörnern, 2 - 3 EL Fenchelwasser verrühren und mit etwas Salz abschmecken. Die Füllung in die Fenchelhälften geben, wieder in den Topf setzen und zugedeckt dünsten, bis der Käse zu schmelzen beginnt. Dann mit dem Mais bestreuen und servieren.

1/2 BE

Klare Ochsenschwanzsuppe

80 g	Ochsenschwanz
10 g	SB-Öl
50 g	Suppengrün
30 g	Zwiebeln
1/4	Tomate
1	Nelke
3	Pimentkörner
	Salz
1/2 l	Kraftbrühe, Rezept S. 29
10 g	Petersilie
1	Lorbeerblatt

Den Ochsenschwanz in 2 cm lange Stücke schneiden, abwaschen und abtrocknen. Anbraten in SB-Öl etwa 10 Minuten. Die Zwiebel mit der Nelke spicken und dem übrigen Gemüse zufügen, auch etwa 5 Minuten mit anbraten. Piment zugeben und mit Kraftbrühe aufgießen. Salzen und etwa 80 Minuten langsam köcheln lassen. Die Brühe durch ein Sieb gießen, abkühlen lassen und die entstandene Fettschicht entfernen. Das Fleisch vom Ochsenschwanz lösen, zerkleinern und in die Suppe geben. Abermals erhitzen, abschmecken und mit gehackter Petersilie servieren.

Apfel-Tomaten-Toast

100 g =	1 BE Apfel
1	große Fleischtomate
25 g =	1 BE Weizentoastbrot
20 g	Gouda mittelalt 40 %
	Salz, Pfeffer
2 g	Majoran

Das Weißbrot vortoasten. Den Apfel schälen, vierteln, Kerngehäuse entfernen und in 1/2 cm dicke Scheiben schneiden, die Tomaten ebenfalls. Nun belegen Sie den Toast mit Äpfeln und Tomaten. Danach würzen und mit einer Käsescheibe belegen. Im vorgeheizten Backofen bei 180 Grad backen, bis der Käse zerläuft.

2 BE

Dickmilch mit frischen Blaubeeren

250 g =	1 BE Dickmilch
	Süßstoff
1/4	Zitrone
30 g =	1/2 BE Blaubeeren

Die Blaubeeren waschen, verlesen und gut abtropfen lassen. Den Süßstoff, die Zitrone in die Dickmilch geben und verrühren. Nun die Blaubeeren pürieren und zugeben, alles vermischen. In einem großen Glas kühl servieren und garnieren mit einigen übriggelassenen Blaubeeren.

1/2 BE

Zucchinisuppe mit Reis

130 g	Zucchini
15 g =	1 BE ungekochten Reis
1/2 l	Kraftbrühe, Rezept S. 29
1/4	Zwiebel
	Salz, Pfeffer, Thymian
	Salbei
10 g	geriebener Parmesankäse
10 g	SB-Öl
1/4	Knoblauchzehe

Das Öl im Topf erhitzen und die zerdrückte Knoblauchzehe sowie die kleingehackte Zwiebel darin andünsten. Mit Kraftbrühe auffüllen und kochen lassen. Zucchini waschen, in Scheiben schneiden und in die Kraftbrühe geben. Nun den Reis zufügen und mit etwas Salz und den Kräutern abwürzen. Leicht umrühren und eine Viertelstunde ziehen lassen. Servieren und am Tisch mit geriebenem Parmesan überstreuen.

1 BE

Wittgensteiner Kartoffelsuppe

160 g =	2 BE Kartoffeln
40 g	saure Sahne 3,5%
30 g	Zwiebel
20 g	Margarine
1	Eigelb
10 g	gehackte Kräuter
3 g	Kerbel
3 g	Kresse
	Salz
2 g	Paprika

Zunächst eine Gemüsebrühe aus kleingeschnittenem Gemüse herstellen. Zutaten: 1/4 Möhre, 1/8 Lauch, 1/2 Tomate, 10 g Sellerie, Blumenkohl, Kohl und Kohlrabi. Das Gemüse mit der kleingewürfelten Zwiebel fünf Minuten in Margarine andünsten. Mit dem Gemüse-Fond auffüllen und 90 Minuten bei schwacher Hitze kochen lassen. Die Brühe abseihen, nochmal aufkochen lassen und die zu Brei gerührten Kartoffeln dazugeben. Saure Sahne und Eigelb verrühren, leicht erwärmen und vorsichtig unterziehen. Mit Salz, Paprika und den Kräutern abschmecken.

2 BE

Rindergeschnetzeltes mit Bambussprossen

140 g	Rinderfilet
20 g	Margarine
60 g	Bambussprossen
40 g	Sojasprossen
20 g	Frühlingszwiebeln
1/2 TL	Gewürzmischung „Picanto"
1/4 l	Gemüsebrühe, Rezept S. 42
	Pfeffer
45 g =	1 BE Reis gekocht

Den Reis im kochendem Wasser garen. Die Bambussprossen abspülen und abtropfen lassen. Sojasprossen waschen und gut verlesen. Die Zwiebeln putzen, waschen und in Scheiben schneiden. Das Fleisch in Streifen schneiden und in der Margarine anbraten. „Picanto" und den Reis zugeben und mit Gemüsebrühe ablöschen. Die Bambussprossen kleinschneiden und zu dem restlichen Gemüse geben. Nun alles mit Pfeffer und „Picanto" nachwürzen.

1 BE

Rinderfiletbraten am Grillspiess

180 g	Rinderfilet
10 g	SB-Öl
10 g	Kerbel, Estragon,
10 g	Schnittlauch, Petersilie
	Salz
10 g	Zitronensaft
	Pfeffer
3 g	Senfpulver

Das Filet kurz abwaschen, abtrocknen und von Haut und Sehnen befreien. Das Öl mit den feingehackten Kräutern, Pfeffer, Zitronensaft und Senfpulver nach und nach vermischen und das Filet damit gut einreiben. In Folie packen und im Kühlschrank etwa drei Stunden ruhen lassen. Danach herausnehmen, leicht abtupfen, auf einen Grillspieß stecken und etwa 8 Min grillen. Kurz vor Ende der Garzeit leicht salzen.

1/2 BE

Schweinekotelett nach Spanischer Art

160 g	Schweinekotelett (mager)
1/2	Paprika rot, gelb, grün
1	Tomate
10 g	SB-Öl
10 g	Margarine
45 g =	1 BE gekochter Reis
	Salz
	weißer Pfeffer
15 g	Kräuterwürzmischung „Aromano"

Das Schweinekotelett abwaschen, abtrocknen und vom Fett befreien. Das Öl in der Pfanne erhitzen und das Fleisch darin von beiden Seiten braten. Nun etwas salzen und pfeffern. In einer anderen Pfanne die Margarine und den Paprika erhitzen, die gehäutete Tomate, welche Sie vorher entkernt haben, hineingeben. Vorsichtig andünsten und zum Schluß den gegarten Reis zufügen, abschmecken mit etwas „Aromano" und weißem Pfeffer. Nun alles über das Kotelett geben und servieren.

1 BE

Schweinefiletspießchen mit Pflaumen

140 g	Schweinefilet
55 g =	1/2 BE Backpflaume
1	Zwiebel
	Salz
20 g	Margarine
1/8	Gemüsebrühe, Rezept S. 42
	Pfeffer

Das Filet parieren und in große Würfel schneiden. Die Pflaumen in einem Sieb heiß abspülen und trockentupfen. Nun die Zwiebeln schälen, vierteln. Alles mit Salz und Pfeffer würzen und in bunter Reihenfolge auf einen Spieß stecken. Die Margarine erhitzen und den Spieß etwa 6 Minuten von allen Seiten anbraten. Mit der Gemüsebrühe angießen und zugedeckt etwa 15 Minuten bei schwacher Hitze garen lassen.

1/2 BE

Kalbsmedaillons gegrillt auf Toast und Tomatenscheiben

160 g	Kalbsmedaillons
2	Tomaten
15 g	SB-Öl
25 g =	1 BE Weizentoastbrot
	Salz
	Pfeffer

Das Kalbsmedaillon parieren, abtupfen und mit etwas Öl bestreichen. Den Grill vorheizen und das Filet hinein geben. Die Tomaten waschen und halbieren. Nach etwa 4 Minuten Garzeit die Medaillons mit Salz und Pfeffer würzen. Die Tomaten auch mit Salz und Pfeffer würzen und zusammen mit den Toastscheiben in den Grill legen (den Toast rechtzeitig wenden). Nach etwa fünf Minuten die Medaillons auf der anderen Seite würzen. Nun das Toastbrot mit den Tomaten und Medaillons belegen und servieren. Ausgarnieren mit einem großen Salatblatt und frischer Petersilie.

1 BE

Kalbssteak unterm Blumenkohl

150 g	Kalbsteak
60 g	Blumenkohl
20 g	Margarine
20 g	geriebener Parmesankäse
	Muskat, Salz
10 g	Johannisbrotkernmehl
1/4 l	Kraftbrühe, Rezept S. 29

Den Blumenkohl putzen, in kleine Röschen aufteilen und kalt waschen. Die Röschen in der Gemüsebrühe garen und mit Johannisbrotkernmehl anbinden. Das Kalbssteak in Margarine von beiden Seiten leicht anbraten und würzen. Dann in eine feuerfeste Form legen und die Blumenkohlröschen darauf verteilen. Mit Muskat würzen und mit der angebundenen Soße bedecken. Zuletzt mit dem Käse bestreuen und im vorgeheiztem Backofen kurz überbacken.

Gebratene Wachteln mit Preisselbeeren

2	junge Wachteln
30 g	mageres Bauchfleisch
20 g	Kochschinken
30 g	SB-Öl
	Salz
20 g	saure Sahne
5 g	Johannisbrotkernmehl
55 g =	1 BE Preißelbeeren
	Pfeffer

Die Wachteln gut waschen und innen wie außen trockenreiben. Etwas Salz und groben Pfeffer ins Innere streuen. Mit dem mageren Bauchfleisch umwickeln. Das Öl erhitzen, die Wachteln darin etwa eine Viertelstunde braten, mehrfach wenden. Dabei mit dem Bratenfond begießen. Herausnehmen und das Bauchfleisch entfernen. Nun den Kochschinken in feine Streifen schneiden und in den Fond geben. Leicht anbraten und die Preißelbeeren ebenfalls zugeben. Vorsichtig umrühren. Den Fond mit etwas Johannisbrotkernmehl anbinden. Die Wachteln anrichten und die Preißelbeeren-Schinkensoße dazureichen. Heiß servieren.

1/2 BE

Rehrouladen mit Stockschwämmchensoße

2	dünne Rehschnizel á 80 g
50 g	gekochter Schinken
1/4	Zwiebel
20 g	Margarine
1/4 l	Kraftbrühe, Rezept S. 29
3 g	Johannisbrotkernmehl
20 g	saure Sahne
60 g	Stockschwämmchen
	Salz
	Pfeffer
	Holzspießchen

Den Schinken in Streifen, die Zwiebel in Würfel schneiden und in Margarine andünsten. Die Rehschnitzel waschen, abtrocknen und mit Salz und Pfeffer würzen. Den Schinken und die Zwiebel auf die Rehschnitzel verteilen, zusammenrollen und mit Holzspießchen feststecken. Nun in die heiße Margarine geben und von allen Seiten leicht anbräunen. Dann mit der Kraftbrühe ablöschen. Zugedeckt etwa 40 Minuten garen lassen. In die Soße die saure Sahne und Stockschwämmchen geben. Alles mit etwas Johannisbrotkernmehl anbinden und servieren. Evtl. mit Petersilie bestreuen.

Lammratatouille mit Picantoreis

120 g	Lammfleisch
20 g	Margarine
	Pfeffer
10 g	Kräuter der Provence
30 g	Paprika gelb, rot, grün
30 g	Aubergine
50 g	Tomaten
	Paprikapulver
90 g =	2 BE gekochter Reis
1/4 TL	Gewürzmischung „Picanto"
	Salz

Das Lammfleisch von Fett und Sehnen befreien und in 1 1/2 cm große Stücke schneiden. Anbraten in der Margarine und mit Salz und Pfeffer würzen. Etwa 20 Minuten bei mittlerer Hitze garen lassen. Das Gemüse putzen, waschen und ebenfalls in 1 1/2 cm große Stücke schneiden. Danach zum Fleisch geben. Die Tomaten häuten, entkernen, würfeln und zum Schluß dazugeben. Alles mit Salz, Pfeffer und Kräutern aus der Provence würzen. Den Reis in etwas Salzwasser garkochen. „Picanto" unterziehen und zum Lammratatouille reichen.

2 BE

Lammkoteletts mit Jogurtsoße

2	Lammkoteletts á 100 g
20 g	Margarine
	Pfeffer, Salz
1	Knoblauchzehe
25 g =	1 BE Weizentoastbrot
1 EL	Kräuter der Provence
	Paprika, edelsüß
1 EL	Jogurt fettarm

Das Lammfleisch vom Fett befreien, die Koteletts in der heißen Margarine 5 Minuten von jeder Seite braten, dann mit Pfeffer würzen. Halten Sie das Fleisch in Alufolie heiß. Den Knoblauch schälen, das Brot von beiden Seiten damit einreiben und dann toasten. Die Kräuter in den Bratsud geben, Knoblauch dazupressen und mit Jogurt erhitzen. Die Soße mit Pfeffer und Paprika würzen. Nun das Fleisch mit Toast und Soße servieren.

1 BE

Gefülltes Putensteak mit Parmesan und Pfifferlingen

140 g	Putensteak
20 g	gek. Schinken
10 g	SB-Öl
30 g	Pfifferlinge (kleine)
5 g	Zwiebelpulver
1 EL	Schmelzkäse
5 g	Margarine
10 g	Parmesan
	Salz

Gewürfelten Schinken in Margarine andünsten und die abgetropften Pfifferlinge dazugeben. Den Schmelzkäse zufügen und unter leichtem Rühren schmelzen. Eine Tasche in das Putensteak schneiden und die Masse hineinfüllen. Fleisch mit Holzstäbchen zustecken und mit Salz, Pfeffer und Zwiebelpulver würzen. Steak in eine feuerfeste Form legen und erhitztes Öl darüber gießen, 20 - 25 Min. garen. Evtl. einmal wenden, vor dem Servieren mit Parmesan bestreuen.

Ente mit frischen Pfirsichen

1 =	kleine junge Ente
75 g	Pfirsich (1/2 BE)
	Salz,
	Pfeffer
1/8 l	Wein (trocken)
20 g	SB-Öl

Die Ente abwaschen, innen und außen pfeffern und salzen. In heißem Öl anbraten, bis sie von allen Seiten knusprig und durchgebraten ist. Anschließend warmstellen. Die Pfirsiche entkernen, häuten, und in Scheiben schneiden. In den Bratenfond geben und mit etwas trockenem Wein ablöschen. Die Ente zerteilen und auf einer Platte anrichten. Mit den Pfirsichen überdecken und heiß servieren. Evtl. flambieren. Dazu kann Cognac genommen werden.

1/2 BE

Odebornforelle mit Zucchinigemüse

1	Forelle
80 g	Zucchini
30 g	Zwiebeln
20 g	Margarine
1/8 l	Kraftbrühe, Rezept S. 29
1 EL	Zitronensaft
	Salz
1 EL	Basilikum
	Pfeffer

Die Zucchinis putzen, waschen, längs halbieren und in Scheiben schneiden. Die Zwiebeln schälen, würfeln und in 20 g Margarine andünsten. Nun die Zucchini und die Kraftbrühe zugeben und etwa 10 Minuten garen. Forelle waschen, salzen und mit Zitrone einreiben. In 1/8 l Wasser geben, in dem Piment, Lorbeerblatt und etwas Salz schon gegart wurden. Etwa 3 - 5 Minuten auf mittlerer Hitze halten und darauf achten, dass der Fisch nicht zerfällt. Den Basilikum kochen und zum Gemüse geben, mit Pfeffer würzen und zur Forelle reichen.

Seezungenfiletragout mit Staudensellerie

150 g	Seezungenfilet
200 g	Staudensellerie
45 g	Reis gekocht
1/2 l	Kraftbrühe, Rezept S. 29
2 EL	Zitronensaft
	Pfeffer
50 g	Tomaten
20 g	Margarine
1 EL	gehackte Petersilie

Den Sellerie putzen, waschen, in dünne Scheiben schneiden und mit dem Reis in der Margarine glasig dünsten. Mit Kraftbrühe auffüllen und zugedeckt 10 Minuten ausquellen lassen. Das Seezungenfilet mit Zitrone und Pfeffer würzen und in mundgerechte Stücke schneiden. Die Tomaten waschen, entkernen und würfeln. Beides nach 10 Minuten zum Reis geben und weitere 10 Minuten garen. Mit Pfeffer würzen und mit Petersilie bestreuen.

1 BE

Kartoffelzopf mit Pistazien und Leinsamen

160 g =	2 BE Kartoffeln
10 g	Pistazien
5 g	Leinsamen
10 g	Margarine
2 g	Muskat
1 TL	Kaffeesahne 3%
	Salz

Die Kartoffeln waschen, abbürsten und mit etwas Salz im Wasser garen. Nun die Kartoffeln schälen und noch warm durch eine Kartoffelpresse drücken. Diese Masse mit etwas Salz, Muskat, Kaffeesahne und den gehackten Pistazien gut verrühren. Den Kartoffelteig in einen Spritzbeutel geben und auf ein gefettetes Blech in Form eines Zopfes spritzen. Zum Schluß mit Leinsamen bestreuen und überbacken.

2 BE

Kartoffel-Zwiebel-Püree

160 g =	2 BE Kartoffeln
15 g	Margarine
1/8 l	Kraftbrühe, Rezept S. 29
1/4	Zwiebel
	Salz
	Muskat

Die Kartoffeln schälen, in Viertel teilen und in etwas Salzwasser weich kochen. Abgießen und heiß durch die Kartoffelpresse drücken oder mit dem Mixer pürieren. Die Zwiebel schälen, in feine Streifen schneiden und in Margarine goldgelb angehen lassen. Die Kraftbrühe erhitzen, über die Püreemassse gießen und mit dem Schneebesen locker schlagen. Nun die Zwiebel zugeben und nochmals vorsichtig unterheben. Abschmecken mit Salz und Muskat. Eventuell mit Petersilie bestreuen.

2 BE

Kartoffel-Fleisch-Salat

80 g =	1 BE Kartoffeln
30 g	Roastbeef
40 g	Gurke
50 g	Tomate
40 g	Jogurt
1/8 l	Kraftbrühe, Rezept S. 29
1/4 TL	Essig
	Salz
	Pfeffer
10 g	Petersilie

Gekochte Kartoffeln in Würfel schneiden, ebenso das Roastbeef. Die Gurke in feine Streifen schneiden. Sowie die Tomate, deren Kerngehäuse und Haut Sie vorher entfernt haben. Die Kraftbrühe mit Jogurt, Salz, Pfeffer und Essig vermengen und unter die vorbereiteten Zutaten heben. Mit feingehackter Petersilie bestreuen und servieren.

1 BE

Reis-Gemüse-Pfanne

30 g =	2 BE Reis (ungekocht)
40 g	Hähnchenbrustfilet
50 g	Zucchini
50 g	Tomate
1 EL	SB-Öl
1/8 l	Kraftbrühe, Rezept S. 29
	Pfeffer
1 TL	Kräuter der Provonce

Den Reis in kochendes Wasser geben und 20 Minuten ausquellen lassen. Das Fleisch in feine Streifen schneiden. Zucchini putzen, waschen, halbieren und in Scheiben schneiden. Tomaten waschen und sechsteln. Nun braten Sie das Fleisch kurz in heißem Öl an. Die Zucchinis garen. Jetzt die Tomaten und den abgetropften Reis zufügen und heiß werden lassen Mit Pfeffer und Kräutern der Provence würzen. Durchschwenken und servieren.

2 BE

Chili-Erbsen mit Nudeln

60 g =	1/2 BE Erbsen
120 g =	2 BE Vollkornnudeln (gekocht)
20 g	rote Paprikaschote
1/4	Zwiebel
5 g	SB-Öl
1/4 l	Gemüsebrühe, Rezept S. 42
	Pfeffer
1 g	Chilipulver

Zwiebel feinschneiden und in Öl andünsten. Paprikaschote in feine Würfel schneiden und mit den Erbsen dazugeben. Mit der Gemüsebrühe auffüllen und mit Pfeffer und Chilipulver abschmekken. Vollkornnudeln in kochendem Wasser bißfest garen, abschütten und vorsichtig unter das Gemüse heben. Nun Petersilie und fein geschnittenem Schnittlauch bestreuen. Danach sofort servieren.

2 1/2 BE

Steckrübensalat mit Melonen

130 g	Steckrüben
40 g	fettarmer Jogurt
1/4 TL	Zitronensaft
	Süßstoff
	Salz
5 g	gemahlener Ingwer
130 g =	1/2 BE Wassermelone

Die Steckrübe großzügig schälen und waschen. Aus Jogurt, Süßstoff, Zitronensaft, Salz und Ingwer eine Marinade zubereiten. Nun die Steckrüben in diese Marinade reiben. Die Melone schälen, würfeln, Kerne entfernen und dazugeben. Etwa 20 Minuten durchziehen lassen, nochmal nachschmecken und auf einem großen Salatblatt servieren.

1/2 BE

Bohnensalat mit Senfsosse

120 g	gekochte grüne Bohnen
1 TL	Olivenöl
1 TL	Kräuteressig
2 g	Bohnenkraut
2 g	Kurkuma
2 g	Paprika
	schwarzer Pfeffer aus der Mühle
1/4 l	Gemüsebrühe, Rezept S. 42
10 g	Senf

Die grünen Bohnen in der Gemüsebrühe bißfest kochen, herausnehmen und kalt werden lassen. Aus den Zutaten und Gewürzen eine Salatsoße fertigstellen und mit den Bohnen vermengen. Gut durchziehen lassen und auf einem Radiccio-Blatt angerichtet servieren.

Feldsalat mit Knoblauchcroutons

80 g	Feldsalat
30 g =	1 BE Vollkorntoastbrot
1 TL	Sonnenblumenöl
1 TL	Obstessig
1 TL	Distelöl
1/2	Knoblauchzehe
20 g	feingewürfelte Zwiebel
	Salz
	Pfeffer aus der Mühle
3 g	Senfpulver

Salat putzen, gründlich waschen und gut abtropfen lassen. Das Brot leicht toasten und mit dem geschälten Knoblauch einreiben. Brotwürfel schneiden und diese dann in SB-Öl goldbraun werden lassen. Aus den übrigen Zutaten die Salatsoße zubereiten und kurz vor dem Servieren unter den Salat ziehen. Die Knoblauchcroutons darüber streuen.

1 BE

Pfirsichsalat mit Weizen

150 g =	1 BE Pfirsiche
90 g =	1/2 BE Orangen
30 g =	1/4 BE Brombeersaft
1/4 TL	Zitronensaft
5 g	Weizen

Die Pfirsiche heiß überbrühen, schälen, entsteinen und in Würfel schneiden. Apfelsine schälen, die weiße Haut entfernen und ebenfalls in Würfel schneiden. Den Brombeersaft und Zitronensaft vermischen und über die Früchte geben. Anschließend mit Weizenkeimen bestreuen und servieren.

1/2 BE

Jogurt-Brombeeren-Eis

125 g =	1/2 BE fettarmer Jogurt
55 g =	1 BE Brombeeren
1/4 TL	Zitrone
	Süßstoff
30 g	Speisequark 20%
1	Borretschblüte

Die Brombeeren waschen, mit Küchenkrepp abtupfen und verlesen. Nun im Mixer mit dem Zitronensaft pürieren und durch ein feines Haarsieb streichen. Den Jogurt mit dem Süßstoff verrühren und das Beerenpüree unterheben. Stellen Sie nun alles in einer Edelstahlschüssel ins Tiefkühlfach. Von Zeit zu Zeit kräftig durchschlagen. Sobald die Masse gefroren ist, mit einem Eisportionierer Kugeln abstechen und in vorgekühlte Gläser füllen. Mit einigen übriggelassenen Beeren und der Borretschblüte ausgarnieren und sofort servieren.

1 1/2 BE

Überbackene Erdbeeren mit Kiwischnee

190 g =	1 BE Erdbeeren
	Süßstoff
1/4 TL	Himbeergeist
1	Eiweiß
	Süßstoff
30 g =	1/4 BE Kiwi

Die Erdbeeren waschen, putzen, mit Süßstoff und Himbeergeist kurz durchziehen lassen und auf eine feuerfeste Form geben. Das Eiweiß mit etwas Süßstoff steif schlagen, die Kiwis schälen, pürieren und unterheben. Diese Masse auf die Erdbeeren verteilen und im vorgeheizten Grill ganz kurz überbacken.

1 1/4 BE

Apfelcreme mit Weizenkleie

100 g =	1 BE Apfel
1/8 l	Wein (trocken)
1/4	Vanilleschote
	Süßstoff
1	Eigelb
1/4	abgeriebene Zitrone
10 g	Johannisbrotkernmehl
40 g	Jogurt
3 g	Weizenkleie

Die Äpfel schälen, vierteln und das Kerngehäuse herausschneiden. In Weißwein mit Süßstoff, Vanille und der Zitronenschale weich dünsten. Nun ganz fein pürieren. Mit dem Johannisbrotkernmehl aufkochen lassen. Das ganze nun vom Herd nehmen und das Eigelb unterziehen. Sobald es angefangen hat zu stocken, den Jogurt ebenfalls unterheben. Mit Weizenkleie bestreuen und kühl stellen.

1 BE

Wer abnehmen will oder muss, der sollte sich vor den zahlreichen, wohlmeinenden „Patentrezepten" hüten. Sie versprechen oft viel und helfen meist nur kurzfristig. Wer langfristig schlank werden und bleiben will, der muss dafür seine eigene, ganz persönliche Methode finden.

Grundsätzlich gilt: Wenn Sie abnehmen wollen oder müssen, sollten Sie es auf jeden Fall langsam tun. Lassen Sie sich also Zeit und unterschreiten Sie möglichst nie die 1000-Kaloriengrenze je Tag, das entspricht 4200 Kilojoule. Das Abnehmen kann oder sollte bis zu einem halben Jahr dauern, denn: Alles, was man schnell und in kurzer Zeit abgenommen hat ist auch wieder schnell da!

Besprechen Sie Ihr Vorhaben auch ruhig mit Ihrem Arzt. Wenn er informiert und einverstanden ist, kann er ein wertvoller Partner sein, der sie mit zusätzlichen Vorschlägen unterstützt und Ihren Gesundheitszustand während des Abnehmens regelmäßig kontrolliert.

! Achten Sie auf eine ausgewogene und abwechslungsreiche Kost mit Vitaminen, Faserstoffen und Mineralien. Das heißt: Viel frische Salate, Rohkost, Fisch, Geflügel, Wild, frisches Obst, wenig Öl, viel Bewegung, wenig Salz und frische Kräuter.

Wenn Sie unsicher sind, ob Ihr Wunschgewicht mit dem ärztlich empfohlenen Gewicht übereinstimmt, können Sie sich der (Broca-)Formel bedienen:

Körpergröße (in cm) minus 100 = Normalgewicht in kg.

Zum Beispiel beträgt bei einer Größe von 175 cm das Normalgewicht 75 kg.

Mit meinen Rezeptvorschlägen zur Reduktionskost möchte ich Ihnen zeigen, dass man auch beim Abnehmen nicht auf die Lust am Essen verzichten braucht.

Frühstücksbeispiel 1

250 ml	Kaffee, Tee
	Süßstoff
10 g	Kondensmilch
35 g	Vollkornbrötchen
30 g	Leinsamenbrot
10 g	Margarine
30 g	Roastbeef
100 g	Magerjogurt

Frühstücksbeispiel 2

250 ml	Grapefruitsaft
35 g	Roggenbrot
35 g	Pumpernickel
10 g	Margarine
20 g	Rinderlyoner 10%
20 g	Harzer Käse 20%
25 g	kalorienreduzierte Marmelade

Frühstücksbeispiel 3

250 ml	Apfelsaft
25 g	Knäckebrot
35 g	Roggenvollkornbrot
15 g	Mischbrot
10 g	Margarine
15 g	Holländer Käse 40%
10 g	Geflügelsülze 10%
1	gekochtes Ei

Krustenbrot mit Mohn

300 g	Weizenvollkornmehl
125 g	Weizenvollkornschroth
300 g	Roggenvollkornmehl
40 g	Hefe
1/2 l	Wasser
1 TL	Rübenkraut
	etwas Salz
1 TL	Mohn

Das Mehl und die Schrothe in eine Schüssel geben und vermischen. In die Mitte eine Mulde drücken. Hefe, Rübenkraut, Salz und das Wasser für den Vorteig in die Mulde geben. Nun mit etwas Mehl aus der Mulde zu einem dicken Brei mischen und 20 Minuten gehen lassen, bis sich das Volumen verdoppelt hat. Restliches Mehl und den Mohn etwa 15 Minuten unterkneten. Jetzt einen Brotlaib daraus formen und auf ein gefettetes Blech setzen. Nochmal 20 Minuten ruhen lassen. Etwas Wasser mit in den Ofen stellen und bei 220 Grad 20 Minuten und anschließend bei 180 Grad 40 Minuten garen.

Melone mit gekochtem Schinken

1	Melone
2 Sch.	gekochten Hinterschinken
1	Salatblatt
	Petersiliensträußchen

Die Melone von den Kernen befreien und in vier halbmondfömige Stücke schneiden. Den Schinken auf die Melone verteilen. Nun alles auf ein großes Salatblatt legen und mit Petersilie garnieren.

Chicoree - Schiffchen

1	großer Chicoree
50 g	Krabben
3	Oliven
1 EL	Weinessig
1 EL	SB-Öl
15 g	Senf
5 g	Dill
50 g	gek. Eiweiß
	Salz
	Pfeffer

2 große Chicoreeblätter abtrennen und waschen, den übrigen Chicoree in dünne Streifen schneiden. Krabben abspülen, Oliven in Scheiben schneiden. Senf, Öl, Essig, Salz und Pfeffer verrühren, Chicoreestreifen, Krabben und Oliven mischen und in die großen Chicoreeblätter füllen. Mit der Marinade übergießen und mit Dill und gekochtem Eiweiß, welches Sie in kleine Würfel geschnitten haben, garnieren.

Blumenkohl-Rohkost mit Tomaten

150 g	Blumenkohl
100 g	Tomaten
	Schnittlauch
1 EL	Distelöl
100 g	Magerjogurt
	Pfeffer aus der Mühle, Salz
10 g	Zitronensaft

Den Jogurt mit Zitronensaft und Distelöl verrühren. Schnittlauch, Pfeffer und etwas Salz unterheben. Blumkohl putzen, waschen und in kleine Röschen schneiden. Die gewürfelten Tomaten und Blumenkohl in die Marinade geben. Durchziehen lassen und servieren.

Karotten -Buttermilch Mix

2	frische Karotten
1/2 l	Buttermilch
10 g	Meerrettich
	Süßstoff
1/4 TL	Weizenkleie
1/4	Zitrone

Karotten schälen, in Stücke schneiden und im Mixbecher pürieren. Buttermilch zugießen, mit Zitrone, Süßstoff und Meerrettich abschmecken. Auf den Mix etwas Weizenkleie geben. Sofort servieren.

Kalte Gurkensuppe

1	Salatgurke
1/2	Knoblauchzehe
1/2 EL	SB-Öl
40 g	Walnüsse, gehackt
125 g	Magerjogurt
100 g	saure Sahne 3,5%
	Pfeffer
5 g	Dill
	Salz

Die Gurke schälen und in sehr feine Würfel schneiden, ganz leicht einsalzen und ziehen lassen. Knoblauch mit Öl, Nüssen in den Jogurt geben und kräftig durchschlagen. Die saure Sahne untermischen und mit Pfeffer würzen.
Mit Dill und einigen Nußstücken bestreuen. Die Suppe bitte kalt servieren.

Broccolisuppe mit Reis

200 g	Broccoli
20 g	Reis
1/2 l	Kraftbrühe, Rezept S. 29
1/4	Zwiebel
1/2	Knoblauchzehe
	Pfeffer
2 g	Thymian
2 g	Salbei
10 g	geriebener Parmesan
1 TL	SB-Öl
10 g	Johannisbrotkernmehl

Öl in einem Topf erhitzen und die zerquetschte Knoblauchzehe sowie die kleingehackte Zwiebel darin andünsten. Mit Kraftbrühe auffüllen und kochen lassen. Broccoli waschen, in Röschen teilen, ebenfalls in die Kraftbrühe geben und leicht anbinden mit Johannisbrotkernmehl. Jetzt den Reis hinzugeben und mit etwas Salbei, Pfeffer und Thyminan würzen. Leicht umrühren und eine Viertelstunde ziehen lassen. Am Tisch mit geriebenem Parmesan überstreuen.

Spinatcremesuppe

100 g	Blattspinat
1/4	Zwiebel
1/4	Kraftbrühe, Rezept S. 29
	geriebene Muskatnuss
1/8	Knoblauchzehe
10 g	Johannisbrotkernmehl
5 g	Margarine

Den Blattspinat blanchieren und abschrecken. Zwiebeln fein schneiden und mit Knoblauch in Margarine andünsten. Spinat dazugeben, mit Kraftbrühe aufgießen und weichkochen. Nun mit Muskat abschmecken und zum Schluss mit Johannisbrotkernmehl anbinden. Alles durchpassieren, in eine vorgeheizte Tasse füllen und mit Spinatstreifen leicht bedecken.

Sauerbraten mit Schattenmorellen

200 g	Rindfleisch (mager)
1/2	Zwiebel
2	Pfefferkörner
1	Lorbeerblatt
2	Wachholderbeeren
1	Nelke
1/8	Wasser
1/8 l	Essig
1 TL	SB-Öl
	Salz
3 g	Johannisbrotkernmehl
125 g	Jogurt
40 g	Schattenmorellen
	Pfeffer

Das Rindfleisch in einer Beize aus den angegebenen Zutaten 3 Tage in einem Topf einlegen, dabei ab und zu wenden. Fleisch aus der Marinade nehmen, abtrocknen und mit Öl einpinseln. Dann von allen Seiten anbraten. Marinade durchsieben und dazugießen. Etwa 90 Minuten schmoren lassen, Fleisch herausnehmen. Die Soße mit Johannisbrotkernmehl binden, anschließend den Jogurt unterheben und die Schattenmorellen zugeben.

Roastbeef mit Schmor-Gemüse

180 g	Roastbeef
1 TL	SB-Öl
	Salz, Pfeffer
80 g	kleine Kartoffeln
1/2	Zucchini
1/4	Zwiebel
10 g	Margarine
1/8 l	Gemüsebrühe, Rezept S. 42
10 g	Johannisbrotkernmehl
2 g	Salbei
3 g	Basilikum,
3 g	Borretsch
5 g	Schnittlauch
5 g	Petersilie

Das Fleisch mit Öl, Salz, und Pfeffer einreiben. Auf den Rost des Backofens legen und eine Fettpfanne unterschieben. Etwa 15 Minuten braten. Kartoffeln schälen und waschen, Zucchini putzen, waschen und in Stücke schneiden. Zwiebeln schälen und in Streifen schneiden. Würzen mit etwas Salz und Pfeffer, dann etwa 20 Minuten vor Ende der Garzeit auf die Fettpfanne des Backofens geben. Die Gemüsebrühe aufkochen. Kräuter zugeben, mit Pfeffer abschmecken. Das Schmorgemüse neben dem Roastbeef anrichten und mit Kräutersoße begießen.

Schweinefleisch mit Ananas und Paprika

180 g	geschnetzeltes Schweinefleisch (Nuß)
1 TL	SB-Öl
1/4 l	Kraftbrühe, Rezept S. 29
1/2	rote Paprikaschote
1/2	grüne Paprikaschote
1/2	Ananas
10 g	Sojasoße
1/8 l	Ananassaft

Das Fleisch in Öl anbraten, die Kraftbrühe zugießen. Die Paprika in dünne Streifen schneiden und zu dem Fleisch geben. Bei schwacher Hitze 15 Minuten garen im geschlossenen Topf. Die Ananas ebenfalls in Stücke schneiden, dazugeben und mit Sojasoße und dem Ananassaft abschmecken.

Bad Berleburger „Schweinelendchen"

160 g	Schweinefilet
1 Sch.	Kochschinken
30 g	Pfifferlinge,
80 g	saure Sahne 3,5%
10 g	Zwiebel
10 g	Lauch
10 g	Sellerie
10 g	Karotte
1 TL	Öl
10 g	Margarine
	Salz
	Pfeffer
	Küchengarn

Die Schweinefiletscheiben leicht klopfen und etwas salzen. Das Wurzelgemüse in sehr feine Würfel schneiden und in Margarine andünsten. Die kleingehackten Pfifferlinge dazugeben und mit saurer Sahne auffüllen. Nun einkochen, etwa auf 1/3. Erkalten lassen. Eine Filetscheibe mit dem Mus bestreichen und eine zweite darauflegen. Mit dem Kochschinken umwickeln und mit Küchegarn festbinden. Jetzt auf jeder Seite ca. 3 Minuten in Öl anbraten und warmstellen.

Gespicktes Kalbsschnitzel mit Johannisbeeren

160 g	Kalbsschnitzel (Oberschale)
30 g	gek. Hinterschinken
1/2 TL	SB-Öl
	Salz, Pfeffer, Ingwer
1/8 l	Gemüsebrühe, Rezept S. 42
15 g	Johannisbeeren

Kalbsschnitzel mit dem Schinkenstreifen spicken. Leicht salzen und pfeffern und in Öl vorsichtig braten. Fond mit Gemüsebrühe verlängern und aufkochen. Mit etwas Ingwerpulver abschmecken und über das Fleisch gießen. Belegen mit Johannisbeeren.

Kalbsfrikassee mit Champignons

180 g	Kalbfleisch (mager)
1/2 l	Kraftbrühe, Rezept S. 29
1	Lorbeerblatt
1/4	Zwiebel
120 g	frische Champignons
1/2 TL	Kapern
1 TL	gehackte Petersilie
10 g	Johannisbrotkernmehl

Lorbeerblatt und die Zwiebeln in die kochende Kraftbrühe geben. Das Kalbfleisch hineingeben und garkochen. Fleisch herausnehmen, kalt werden lassen und in 1 1/2 cm große Stücke schneiden. Die Kraftbrühe durch ein Sieb gießen. Die geputzten, gewaschenen und halbierten Champignons in dem Fond garen, das Fleisch und die Kapern zugeben und kurz aufkochen lassen. Nun abbinden mit Johannisbrotkernmehl und den Magerjogurt zugeben. Mit Petersilie überstreuen und servieren.

Schlesischer Hasenrücken

1	Hasenrücken
	Salz, Pfeffer
1 TL	SB-Öl
50 g	saure Sahne
1 EL	Semmelbrösel
1/8 l	Kraftbrühe, Rezept S. 29
10 g	Johannisbrotkernmehl

Den Hasenrücken mit Salz und Pfeffer einreiben und in SB-Öl von allen Seiten anbraten. Nach 20 Minuten (Fleisch muss braun sein) Semmelbrösel darüber streuen und mit saurer Sahne übergießen. Nach insgesamt 40 Minuten Bratzeit Fleisch warmstellen. Bratfond im Topf mit Kraftbrühe auffüllen und anbinden mit Johannisbrotkernmehl.

Wittgensteiner Hasentopf

1	Hasenkeule
30 g	Kochschinken
1/8 l	Kraftbrühe Rezept S. 29
1/2	Zwiebel
130 g	Champignons
1/2	Möhre
30 g	saure Sahne 3,5%
40 g	Tomatenmark
	Salz
10 g	Johannisbrotkernmehl
1 TL	SB-Öl
	Pfeffer

Die Hasenkeule waschen, abtrocknen. In einem Topf mit etwas Öl den Kochschinken anbraten. Keulen dazulegen und anbräunen. Etwas Kraftbrühe zugeben und aufkochen lassen. Zwiebelringe, halbierte Champignons und kleingeschnittene Möhre dazugeben. In bedecktem Topf bei mittlerer Hitze etwa 90 Minuten garen. Keulen herausnehmen. Fleisch vom Knochen lösen und in Würfel schneiden. Soße mit dem Rest Kraftbrühe und Sahne verlängern. Abbinden mit Johannisbrotkernmehl. Abwürzen und zum Schluß das Fleisch zugeben. Sogleich servieren.

Lammcurry

160 g	Lammfleisch (Schulter, Keule)
1	Zwiebel
1 TL	SB-Öl
1	Apfel
1/4 TL	Gewürzmischung „Picanto"
3 g	Thymian
3 g	Knoblauch

Lammfleisch waschen, von Fett und Haut befreien und in Würfel schneiden. Mit etwas „Picanto" und Thymian bestreuen. Zwiebel in Scheiben, Knoblauch in feine Würfel schneiden. Äpfel halbieren, entkernen und auch in Scheiben schneiden. Fleisch in heißem Öl anbraten. Zwiebel, Knoblauch und Äpfel braten. „Picanto"-Gewürzmischung darüber streuen, mit Wasser auffüllen und garkochen. Vor dem Servieren nachschmecken.

Lammragout im Krautkopf

160 g	Lammfleisch (Schulter, Keule)
10 g	SB-Öl
1	Zwiebel
1	Tomate
80 g	Champignons
	Salz, Pfeffer
10 g	Johannisbrotkernmehl,
40 g	saure Sahne 3,5%
1	Kopf Wirsing
3 g	Knoblauch

Die Zwiebelwürfel in Öl anbraten. Lammfleisch in 2 cm große Stücke schneiden, Champignons und Tomaten zufügen. Würzen mit Salz, Pfeffer und Knoblauch und 1 1/2 Stunden schmoren lassen. Ragout mit Johannisbrotkernmehl binden und die saure Sahne unterheben. Kurz aufkochen lassen. Einen ganzen, gewaschenen Kopf Wirsing in Gemüsebrühe garkochen. Das Mittelstück entfernen. In die Öffnung nun das fertig gekochte Lammragout geben und servieren.

Hähnchengulasch mit Bleichsellerie

140 g	Hähnchenbrustfilet
150 g	Champignons (frisch)
1/4	Staude Bleichsellerie
1	Tomate
	Salz
1/4 l	Kraftbrühe, Rezept S. 29
1/2	Zitrone
20 g	Jogurt
10 g	Johannisbrotkernmehl
1 TL	SB-Öl
	Pfeffer

Die Zwiebel schälen und würfeln. Die Champignons putzen und in Scheiben schneiden. Sellerie putzen, waschen und in feine Streifen schneiden. Das Hähnchenfleisch in 1 cm große Würfel schneiden; vorher die Haut abziehen. Öl erhitzen und das Fleisch darin anbraten, ebenso die Zwiebel. Hähnchen mit Salz und Pfeffer, Champignons und Selleriestreifen zufügen und mit andünsten. Die heiße Kraftbrühe zugießen und den Zitronensaft, ca. 10 Minuten schmoren lassen. Tomaten mit erhitzen. Nun mit etwas Johannisbrotkernmehl abbinden und dann den Jogurt unterziehen.

Marinierte Hähnchenbrust mit Früchten

150 g	Hähnchenbrust
	Salz, weißer Pfeffer
1 TL	Sojasoße
1 TL	SB-Öl
1/2	Zitrone
10 g	Petersilie
50 g	Rote Johannisbeeren
	Süßstoff, Cayennepfeffer
1/8 l	Wasser
1	Kiwi
30 g	Erdbeeren, Melone
30 g	Pfirsiche
3	Salatblätter

Die Hähnchenbrust waschen, trocken tupfen, mit Salz, Pfeffer, Sojasoße marinieren, und etwa 1/2 Stunde ziehen lassen. Dann im Ofen 20 Minuten garen. In der Zwischenzeit 1/8 Liter Wasser aufkochen, Süßstoff und Johannisbeeren zugeben. 5 Minuten ziehen lassen, dann pürieren und mit Cayennepfeffer abschmecken. Die Kiwis schälen und pürieren. Die Melone halbieren und Kugeln ausstechen. Erdbeeren halbieren. Pfirsiche abtropfen lassen (Saft auffangen) und in Spalten schneiden. Alles mischen, mit Zitronensaft abschmecken und auf Salat mit der Hähnchenbrust servieren.

Schollenfilet auf Dalmatinische Art

160 g	Schollenfilet
	Salz
100 g	grüne Paprika
40 g	Zwiebelringe
1 TL	SB-Öl
100 g	Tomate
1 TL	Tomatenmark
1	Zitrone
5 g	Petersilie

Schollenfilets säubern und nach 15 Minuten leicht salzen. Paprika halbieren, Kerne entfernen, waschen und in feine Streifen schneiden. Nun mit Zwiebeln in Öl andünsten. Die abgezogenen Tomaten in Scheiben schneiden und in eine Auflaufform legen. Mit Tomatenmark bestreichen, Gemüse darauf geben und die andere Hälfte der Scholle zugeben. Etwa 35 Minuten garen. Ausgarnieren mit Zitronenscheibe und Petersilie.

Dorschfilet mit Auberginen

1 TL	SB-Öl
150 g	Dorschfilet
1 TL	Zitronensaft
180 g	frische Champignons
1 TL	Margarine
1/4	Zwiebel
	Salz
	Pfeffer
5 g	geriebene Zitronen
	Süßstoff
100 g	Tomaten
1/8 l	Wasser
10 g	feingehackte Petersilie

Die Auberginen in fingerdicke Scheiben schneiden und mit Zitronensaft beträufeln. Die Champignons putzen, waschen und in feine Blättchen schneiden. Das Öl erhitzen, die Auberginen und Champignons zugeben und andünsten. Zwiebel schälen, fein würfeln und auch untermischen. Angießen mit etwas Wasser, abschmecken mit Salz, Pfeffer, Zitronenschale und etwas Süßstoff. Das Dorschfilet säubern, mit Zitrone einreiben und leicht salzen, anschließend auf das Gemüse legen, zudecken und ca. 5 Minuten bei schwacher Hitze garen lassen. Aus den Tomaten den Stilansatz herausschneiden, mit heißem Wasser überbrühen, häuten und achteln. Jetzt die Tomaten auf die Fischfilets verteilen, zudecken und weitere 5 Minuten bei schwacher Hitze ziehen lassen. Nochmals nachschmecken und mit Petersilie bestreuen.

Tomatenkartoffeln

100 g	Kartoffeln
15 g	Tomatenmark
1	Lorbeerblatt
	etwas Thymian
1/4 l	Gemüsebrühe, Rezept S. 42
10 g	Petersilie

Das Tomatenmark in der Gemüsebrühe auflösen, Lorbeerblatt, Thymian zugeben und mitkochen. Nach dem Passieren die gewürfelten Kartoffeln hineingeben und garkochen. Anschließend mit Petersilie bestreuen.

Kartoffelpüree mit Kräutern

100 g	Kartoffeln
1/8 l	Magermilch
2 g	Muskat
10 g	Petersilie, Schnittlauch
1/4 l	Kraftbrühe, Rezept S. 29
5 g	Margarine

Die Kartoffeln in der Kraftbrühe garkochen, durch eine Kartoffelpresse drücken, mit heißer Milch, etwas Margarine und Muskat mit dem Schneebesen verrühren. Vor dem Anrichten Petersilie und Schnittlauch unterheben und servieren.

Brühkartoffeln

100 g	Kartoffeln (roh)
1/4 l	Kraftbrühe, Rezept S. 29
3 g	Kümmel
10 g	gehacktes Sellerielaub
10 g	Petersilie

Rohe, geschälte Kartoffeln in Stücke schneiden und mit Kraftbrühe überdecken. Gemahlenen Kümmel, Sellerielaub und gehackte Petersilie zugeben. Kochen Sie die Kartoffeln ziemlich langsam und halten Sie sie dicklich.

Tomatenreis

50 g	Naturreis
20 g	Zwiebel
1	Fleischtomate
1 TL	SB-Öl
10 g	Tomatenmark
	etwas Süßstoff, Salz, Pfeffer
1	Lorbeerblatt
1/4 l	Gemüsebrühe, Rezept S. 40
3	Pimentkörner

Gekochten Reis kalt abspülen und abtropfen. Zwiebeln schälen, fein würfeln. Das Grün aus der Tomate entfernen, kurz mit kochendem Wasser überbrühen, häuten und achteln. Etwas Öl im Topf erhitzen und Zwiebeln glasig werden lassen. Reis zugeben und mitdünsten. Tomaten, Tomatenmark, Süßstoff, Salz, Pfeffer, Lorbeerblatt und Piment zugeben. Heiße Gemüsebrühe unter Rühren zugießen und kurz aufkochen. Vor dem Anrichten Lorbeerblatt und Piment entfernen.

Vollkornnudeln

65 g	Weizenvollkornmehl
13 g	Roggenmehl
1	Eigelb
2 g	Muskatnuss
	Salz
1/2 l	Gemüsebrühe, Rezept S. 42

Die Mehle mit Eigelb, Muskatnuss und Salz zu einem zähflüssigen Teig verarbeiten. Schlagen Sie ihn so lange mit einem Löffel, bis er Blasen wirft. Danach ausrollen und in Streifen schneiden. In die kochende Gemüsebrühe geben und 5 Minuten garen (sollte aber noch bissfest sein).

Salatteller „Wittgensteiner Art"

1	Kopf Salat
1	rote Paprika
1/4	Salatgurke
	Kresse
50 g	Krabben T. K.
50 g	Quark
60 g	Jogurt
30 g	Gouda-Käse 40 %
20 g	Tomatenmark
	Salz

Den Quark mit Jogurt und geriebenem Gouda gut verrühren und mit Tomatenmark und Salz abschmecken. Krabben auftauen und abwaschen. Salat putzen, große Blätter halbieren, waschen und gut abtropfen lassen. Paprika halbieren, von Kernen und weißen Rippen befreien, waschen und in feine Ringe schneiden. Gurke ungeschält in dünne Scheiben hobeln. Kresse abschneiden und waschen. Den Salat auf Portionsteller anrichten und je 2 Eßlöffel von der Soße, sowie die Krabben darauf verteilen.

Spanischer Gurkensalat

1	Apfel
1	rote Paprikaschote
1	gelbe Paprikaschote
1/2	Salatgurke
150 g	Jogurt
1/4 TL	Zitronensaft
	Süßstoff
10 g	frische Petersilie
	Salz

Den Apfel schälen und zusammen mit der Gurke in dünne Scheiben schneiden. Paprikaschote halbieren, entkernen und in feine Streifen schneiden. Mit Jogurt, Zitrone, Süßstoff, Salz und frischer Petersilie marinieren und gut durchziehen lassen. Anrichten auf einem großen Salatblatt.

Batavia-Salat im fruchtigen Dressing

1/2	Kopf Batavia
80 g	Erdbeeren
1	reife Mango
10 g	Zitronensaft
10 g	Distelöl
3	Blättchen Zitronenmelisse
	Pfeffer
80 g	Jogurt

Den Jogurt mit Distelöl, Zitronensaft, Pfeffer und der in feine Streifen geschnittenen Melisse würzen. Mango in kleine Stücke schneiden. Bataviasalat waschen, vierteln und in feine Streifen schneiden. Erdbeeren waschen, putzen und in Stücke schneiden. Nun alles zusammen vorsichtig unter die Marinade heben, abschmecken und mit Melisse garnieren.

Erdbeer-Melonen Dessert mit Haube

100 g	frische Erdbeeren
50 g	Melone gelb
1/4 TL	Zitronensaft
	Süßstoff
10 g	Pistazien

Die Erdbeeren waschen, entstielen, größere Früchte teilen. Die Melone halbieren, Kerne entfernen und das Fruchtfleisch würfeln. Erdbeeren und Melonen mit Süßstoff und Zitronensaft vermischen. Die Früchte in eine Dessertschale füllen und mit gehackten Pistazien bestreuen.

Buttermilch-Zitronenspeise

1/4 l	Buttermilch
1/2	Vanilleschote
1/2	Zitronensaft
	Süßstoff
20 g	Gelatine weiß

Die Buttermilch mit Vanilleschote, Süßstoff und Zitronensaft abschmecken. Die eingeweichte und aufgelöste Gelatine unterheben und kaltstellen.

Beerenschaum

40 g	Erdbeeren
40 g	Himbeeren
40 g	Heidelbeeren
20 g	Johannisbeeren
60 g	Jogurt
	Süßstoff
	Zitrone

Jogurt mit Süßstoff vermengen, die Beeren darunter mischen und mit Zitronensaft abschmecken.

Quarkschlegel

100 g	Magerquark
10 g	Heidelbeeren
10 g	Johannisbeeren (rot)
10 g	Pfirsiche
10 g	Holunderbeeren
10 g	Ananas
10 g	Kirschen
3 EL	Magermilch
	Süßstoff
1/2	Zitrone

Den Quark mit Magermilch anrühren und mit Zitrone und Süßstoff abschmecken. Die Früchte putzen, waschen und vorsichtig unter den Quark heben. Die Holunderbeeren zurücklassen und zum Garnieren nehmen.

Fettstoffwechselstörungen sind meistens auf eine falsche Ernährung zurückzuführen.

Bei zuviel Cholesterin oder erhöhten Blutfettwerten nimmt die Gefäßverkalkung zu. Die Folgen sind Schäden an Herz, Nieren, Hirn und Blutgefäßen!

Einige der wichtigsten Prinzipien bei erhöhten Cholesterinwerten sind:

- Ausgewogene Ernährung
- Gewichtsnormalisierung
- Verzicht auf tierische Fette
- Pflanzenöle benutzen
- Verzicht auf Eigelb und Innereien,
- Vermeiden von Krebsen, Muscheln, Austern, Aal, Krabben und Fisch-Konserven
- Eihaltige und fetthaltige Kuchen meiden
- Vegetarische Kost bevorzugen
- Verzicht auf Kakao und Schokolade
- Opitmale Einstellung eines eventuell vorhandenen Diabetes mellitus.

Bei Fettstoffwechselstörungen und erhöhten Triglyceriden:

- Verzicht auf Alkohol
- Reduzieren der Kohlenhydrate
- Verzicht auf süße Obstsäfte
- Verzicht auf Zucker
- Kein Eis und Sahne

Frühstücksbeispiel 1

250 ml	Kaffee, Tee
	Süßstoff
10 g	Kondensmilch
35 g	Leinsamenbrötchen
30 g	Vier-Kornbrot
20 g	Margarine
25 g	Ananasmarmelade
20 g	Limburger Käse 30%
25 g	Geflügelmortadella

Frühstücksbeispiel 2

250 ml	Buttermilch
	Süßstoff
10 g	Kondensmilch
40 g	Sonnenblumenbrötchen
35 g	Pumpernickel
20 g	Margarine
25 g	Orangenmarmelade
20 g	Putenbrust 10%
20 g	Schweizer Käse 40%

Frühstücksbeispiel 3

250 ml	Pampelmusensaft
35 g	Schwarzbrot
40 g	Weizenvollkornbrot
20 g	Knäckebrot
30 g	Margarine
20 g	Roastbeef
20 g	gekochten Schinken 10%
20 g	Gouda-Käse 40%

Würziges Brötchenrad mit Sesam, Kümmel und Mohn

Vorbereitung:	15 Minuten
Backzeit:	25 Minuten

Heizen Sie den Backofen vor. Dann 25 Minuten goldbraun backen.

250 g	Mehl
1/2	Päckchen Trockenhefe
1/8 l	Milch
40 g	Margarine
1	Eiweiß
	etwas Salz
	Sesam, Kümmel,
	Mohn zum Bestreuen

Mehl mit Hefe vermischen. Milch erwärmen, Margarine darin schmelzen. Eiweiß und etwas Salz zugeben, verquirlen, zum Mehl geben und alles zu einem glatten Teig verkneten. Den Teig ca. 30 Minuten zu doppelter Größe aufgehen lassen. Nun den Teig nochmals durchkneten und in 16 Portionen teilen. Jede Teigportion zu einem runden Brötchen formen und diese zu einem Rad zusammenlegen. Nochmals gehen lassen und mit Sesam, Kümmel und Mohn bestreuen.

Quark mit Kräutern

150 g	Quark
2 EL	Milch
5 g	Kresse
5 g	Schnittlauch
1	Karotte
	etwas Salz

Quark mit Milch, Salz, Schnittlauch verrühren. Die Karotte raspeln und zusammen mit der Kresse auf den Quark geben.

Sellerie-Cocktail

200 g	Sellerie
80 g	Jogurt
40 g	Tomatenmark
5 g	Schnittlauch
1/4	Zitrone
	Süßstoff
3	Salatblätter
	Salz

Der geputzte und geschälte, rohe Sellerie wird geraspelt und mit Zitronensaft, Salz, Süßstoff gewürzt. Mit Jogurt und Tomatenmark abschmecken. Jetzt auf die Salatblätter legen und fein geschnittenen Schnittlauch darüber streuen.

Käse-Apfel-Salat

100 g	Steppenkäse 40%
20 g	Radiccio
20 g	Batavia-Salat
60 g	Apfel rot
1/2 TL	Zitronensaft
10 g	Distelöl
20 g	Senf
	Salz

Aus Distelöl, Zitronensaft, Senf eine Marinade herstellen. Apfel waschen, vom Kerngehäuse befreien. Salate putzen, waschen. Nun alles in Streifen schneiden, miteinander vermischen und mit Salz abschmecken.

Tomaten-Jogurt-Mix

1/2 l	Tomatensaft
150 g	Magerjogurt
	Petersilie,
5 g	Basilikum, Schnittlauch
	Salz
	Pfeffer

Tomatensaft und Jogurt vermischen und mit gehackter Petersilie und Schnittlauch verfeinern. Abschmecken mit Basilikum, Salz und Pfeffer. Etwas durchziehen lassen.

Blumenkohlsuppe

1/2	Blumenkohl
20 g	Margarine
10 g	Johannisbrotkernmehl
10 g	Kondensmilch
	Salz
1 TL	Zitronensaft
	Muskat

Den Blumenkohl putzen, waschen und gut wässern. Mit kaltem Wasser ansetzen und etwa 20 Minuten kochen, bis er gar ist. Sollte aber nicht zu weich sein. Den Fond aufbewahren und mit Johannisbrotkernmehl abbinden, Salz, Muskat und Zitronensaft zugeben und zum Schluß mit etwas Kondensmilch verfeinern, noch einmal ganz kurz aufkochen lassen. Den Blumenkohl in kleine Röschen schneiden und in die Suppe geben.

Consomme mit Quarknocken

100 g	mageres Beinfleisch
20 g	Karotte und Sellerie
40 g	Lauch
20 g	Zwiebel
30 g	Eiswürfel
1	Eiweiß
5 g	Petersilie,
1/2 l	Kraftbrühe, Rezept S. 29
40 g	Quark
	Thymian
	Liebstöckel

Rindfleisch durch die große Scheibe des Fleischwolfes drehen. Gemüse putzen und waschen. Zwiebel schälen, in feine Würfel schneiden und mit dem Fleisch mischen. Eiswürfel in einem Tuch mit einem harten Gegenstand zerschlagen und in einer Schüssel mit dem Eiweiß mischen. Rindfleisch-Gemüse-Mischung mit Eis und Eiweiß gut vermischen, bis eine feste Masse entsteht. Diese nun kurz ruhen lassen. Masse mit einem 1/2 Liter Kraftbrühe in einen Topf geben und langsam unter vorsichtigem Rühren aufkochen.
Wenn sich das Fleisch zusammengezogen hat, die Petersilie, Thymian und Liebstöckel dazugeben und alles etwa 1 Stunde ziehen lassen. Die Consomme vorsichtig durch ein Sieb oder Tuch geben und sofort servieren. Einen Teil der Kraftbrühe vorher abnehmen und den Quark in die Brühe geben (aber nicht kochen, sondern nur ziehen lassen). Nun zu der Consomme in die Suppentasse geben.

Pilzcremesuppe

1/2 l	Gemüsebrühe Rezept, S. 42
250 g	Champignons frisch
1/2	Zwiebel
20 g	Margarine
100 g	Kartoffeln
2 EL	saure Sahne 3,5%
	Salz
10 g	Petersilie
	Pfeffer

Die Pilze sauber putzen, waschen und in kleine Stücke schneiden. Zwiebel fein hacken und in Margarine andünsten. Kartoffeln kochen, pürieren und 1/2 Liter Wasser oder Brühe zu den Pilzen geben. Kurz aufkochen lassen. Mit Salz, Pfeffer abschmecken und vor dem Anrichten mit saurer Sahne verfeinern. Mit gehackter Petersilie garnieren.

Rinderfiletstreifen in saurer Sahne

180 g	Rinderfilet
1	Schalotte
100 g	Champignons
10 g	Petersilie
1 EL	SB-Öl
	Salz
10 g	Margarine
100 g	saure Sahne
	schwarzer Pfeffer

Das Rinderfilet häuten und in feine Streifen schneiden. Schalotte putzen und feinhacken. Pilze putzen, waschen und blättrig schneiden. Die Petersilie ebenfalls fein schneiden. Öl heiß werden lassen. Fleisch hineingeben, kurz anbraten, herausnehmen, salzen, pfeffern und zudecken. Etwas Öl erhitzen, Schalotten und Pilze gleichzeitig zugeben und unter Rühren braten. Hitze abschwächen, Margarine und saure Sahne zugeben. Jetzt das Fleisch zufügen und noch 3 Minuten ziehen lassen. Dünn mit Petersilie bestreuen und servieren.

Pikante Rindfleischscheiben mit Zucchinis

2	Scheiben Rindfleisch (Rolle á 90 g)
1/2 TL	SB-Öl
1/4	Zwiebel
1/2	Knoblauchzehe
1	Karotte
1	Tomate
10 g	Margarine
	Salz
1/2 EL	Essig, Zitrone
2 g	Thymian
1/8 l	Kraftbrühe, Rezept S. 29
100 g	Zucchinis
10 g	Petersilie
	Pfeffer

Die Fleischscheiben einölen und zugedeckt etwa 25 Minuten ziehen lassen. Zwiebel, Karotten, Knoblauchzehe schälen und fein würfeln. Gemüse in Margarine leicht andünsten und zum Schluß die Tomaten zugeben. Mit Salz, Pfeffer und Thymian würzen. Kraftbrühe, Zitronensaft und Essig angießen und alles zugedeckt 20 Minuten dünsten. Fleisch von jeder Seite etwa 6 Minuten braten, dann würzen und mit dem Gemüse anrichten. Die Zucchinis putzen, waschen und in 1 cm große Stücke schneiden. Diese leicht in der Brühe blanchieren und auf die Fleischscheibe legen.

Schweinerollbraten mit Aprikosen

200 g	Schweinerollbraten (Schulter)
40 g	getrocknete Aprikosen
20 g	Gewürzgurken
1/2 TL	Senf
	Salz
	Pfeffer,
	Paprika
3 g	Basilikum,
3 g	Majoran
3 g	Salbei
10 g	Zitronensaft
1/8 l	Kraftbrühe, Rezept S. 29

Den Rollbraten kurz abspülen und abtrocknen. Aprikosen waschen, den Braten damit füllen und dann zusammenrollen. Außen mit Senf, Salz, Pfeffer, Paprika würzen und mit etwas Öl bepinseln. Römertopf mit Öl heiß werden lassen und anbraten - von jeder Seite zugedeckt im Ofen fertig garen. Kurz vor Ende der Garzeit die Kraftbrühe, Gewürzgurken, Basilikum, Majoran und Salbei zugeben. Zuletzt mit etwas Zitronensaft abschmecken.

Schweinemedaillons in Estragonsoße

150 g	Schweinefilet
1 EL	SB-Öl
	Salz
	Pfeffer
10 g	frischer Estragon
1/8 l	Kraftbrühe, Rezept S. 29
70 g	saure Sahne 3,5%

Das Schweinefleisch parieren und mit Salz und Pfeffer würzen, kurz stehen lassen. Öl heiß werden lassen und das Fleisch von beiden Seiten anbraten. Herausnehmen und mit 1/8 Liter Kraftbrühe auffüllen. Den gehackten, frischen Estragon zugeben und kurz leicht kochen lassen. Nun saure Sahne zugeben, umrühren und die Filets wieder in den Fond geben. Etwas ziehen lassen und mit der Estragonsoße servieren.

Kalbsfleischballons mit Broccoli-Champignonfüllung

160 g	Kalbfleisch (Oberschale) dünn geschnitten
50 g	gehacktes Kalbfleisch
20 g	Broccoli
1	Eiweiß
1/2	Zitrone, Zitronenschale
90 g	Champignons frisch
20 g	Margarine
1/4 TL	Öl
	Salz

Schnitzel klopfen und mit Farce bestreichen. Gehacktes Kalbfleisch mit Eiweiß, Margarine, Zitronenschale, Salz und Broccoli vermengen. Auf die Farce werden feingehackte Champignons gelegt. Aus den Schnitzeln jetzt kleine Ballons formen, die mit Klammern fest zusammengehalten werden. In Öl braten, vorm Servieren mit Zitrone beträufeln.

Gespicktes Kalbsschnitzel in Madeirawein

160 g	Kalbsschnitzel (Obersch.)
20 g	Lachsschinken
10 g	Margarine
10 g	SB-Öl
2 EL	Madeira-Wein
	Salz
	Pfeffer
5 g	Ingwerpulver

Kalbsschnitzel von Fett und Haut befreien. Lachsschinken in schmale Streifen schneiden und damit die Schnitzel vorsichtig spicken. Öl heiß werden lassen und die Schnitzel darin leicht braun anbraten. Dann salzen und pfeffern. Die fertig gebratenen Schnitzel warm stellen. Margarine und Madeira in die Pfanne geben, ganz kurz aufkochen, eine Prise Ingwer zugeben und über die Schnitzel gießen.

Hirschragout mit Pfifferlingen

160 g	Hirschfleisch (Schulter)
1/2	Zwiebel
20 g	Lachsschinken
1	Tomate
50 g	Pfifferlinge
30 g	Tomatenmark
10 g	SB-Öl
	Salz
	Pfeffer

Fleisch abwaschen, abtrocknen, von Sehnen und Fett befreien und in Würfel schneiden. Die Zwiebel mit dem Lachsschinken in Öl anbraten. Fleisch hinzugeben und etwa 10 Minuten anbräunen lassen, dabei ständig rühren. Kleingeschnittene Tomate ohne Haut und Kerngehäuse zugeben, mit Salz und Pfeffer würzen. Kurz braten lassen und eine Tasse Wasser zufügen. Zugedeckt etwa 1 Stunde bei 200 Grad schmoren lassen. Zum Schluß Pfifferlinge, Tomatenmark in die Soße geben und abschmecken.

Wildschweinsteaks vom Grill mit Steinpilzen und Wildbeerlikör

150 g	Wildschweinsteak (Oberschale)
1 EL	SB-Öl
125 g	Steinpilze
	Salz
	Pfeffer
5 cl	Wildbeerlikör

Die Steaks abwaschen, abtrocknen, von Fett oder Haut befreien und leicht klopfen. Mit etwas Likör beträufeln und 1/2 Stunde einziehen lassen. Grill vorheizen und die mit Öl bepinselten Steaks von beiden Seiten grillen. Nach dem Garen mit Salz und Pfeffer würzen. Die geputzten Pilze ebenfalls mit Öl bestreichen und im Grill rösten. Zu den Steaks können Preißelbeeren serviert werden.

Hammelragout Bulgarisch

160 g	Hammelfleisch (Schulter)
40 g	Jogurt
10 g	Johannisbrotkernmehl
25 g	Silberzwiebeln
20 g	Margarine
	Salz, Pfeffer
1/2	Lorbeerblatt
10 g	Zitronensaft
5 g	Dill
1/4 l	Kraftbrühe, Rezept S. 29
3	Pfefferkörner

Fleisch waschen, entfetten, enthäuten und in Würfel schneiden. In Kraftbrühe mit zerdrückten Pfefferkörnern und dem Lorbeerblatt langsam garen. Fleisch herausnehmen und den Sud mit Johannisbrotkernmehl und Jogurt binden. Aufkochen und über das Fleisch gießen. Mit Silberzwiebeln ziehen lassen. Mit Salz, Pfeffer und Zitronensaft abschmecken und über das Ragout gießen.

Lamm-Zitronenkoteletts mit Rosmarin

2	Lammkoteletts
10 g	SB-Öl
10 g	Margarine
1/2	Zitrone
	Süßstoff
	Salz, Pfeffer
5 g	Rosmarin
5 g	Ingwer

Lammkoteletts abwaschen, entfetten, würzen und in eine Schüssel legen. Mit einer Marinade aus Öl, dem Saft einer halben Zitrone, Süßstoff und abgeriebener Zitronenschale übergießen. 2 Stunden stehen lassen und zwischendurch wenden. Abtropfen lassen, abtrocknen und auf jeder Seite fünf Minuten in Öl braten. Marinade erhitzen. Margarine und Rosmarin zugeben und über die Koteletts gießen.

Gefüllte Putenschnitzel mit Spinat-Käsefüllung

4	dünne Putenschnitzel (á 75 g)
100 g	Champignons
200 g	Kartoffeln
200 g	Spinat
1	Zwiebel
2 EL	geriebener Parmesankäse
	Salz, Pfeffer
10 g	SB-Öl
	Zitronenscheiben zum Garnieren
4	Holzspießchen
1/2 TL	Zitronensaft

Kartoffeln schälen, Champignons putzen und beides in Scheiben schneiden. Spinat mehrfach waschen und verlesen. Zwiebel hacken.

Schnitzel mit Salz und Pfeffer würzen und belegen Sie sie mit einigen gut abgetropften Spinatblättern. Parmesankäse darüberstreuen, umklappen und mit Holzspießchen feststecken. Etwas Öl in einer Pfanne erhitzen. Kartoffeln darin ca. 15 Minuten braten. Nach 10 Minuten die Putenschnitzel dazugeben und zusammen mit den Kartoffeln weiterbraten.

Restliches Öl in einem Topf erhitzen und den übrigen Spinat tropfnass zugeben. Mit Salz, Pfeffer und Zitronensaft abschmecken. Putenschnitzel, Kartoffel und Spinat auf einem Teller anrichten und evtl. mit Zitronenscheibe garnieren.

Schollenfilets mit Spargel

200 g	Schollenfilet
200 g	frischer Spargel
20 g	Margarine
1/2	Zitrone
	Salz
20 g	Petersilie
6	Holzspießchen

Die Schollenfilets waschen, abtrocknen und mit Zitronensaft beträufeln. Dann salzen, den Spargel schälen und auf dem Fisch verteilen. Filets um den Spargel rollen und mit Holzstäbchen zusammenhalten. In eine flache, feuerfeste Schale legen, mit etwas Margarine überziehen und im Ofen garen. Anschließend mit gehackter Petersilie bestreuen.

Kabeljaufilet in würziger Picantosoße

200 g	Kabeljaufilet
1/4	Zwiebel
1/2	Lorbeerblatt
1/8 l	Essig
10 g	Margarine
10 g	Johannisbrotkernmehl
	Salz
5 g	Thymian
10 g	Gewürzmischung „Picanto"

Das Fischfilet waschen, abtrocknen und in 2 cm große Würfel schneiden. In einer Kasserolle einen Sud aus 1/4 l Essigwasser, 1/4 Zwiebel, Lorbeerblatt und Thymian zubereiten und 10 Minuten kochen lassen. Die Fischwürfel hineingeben, halb garziehen lassen und dann abseihen. In der Pfanne gewürfelte Zwiebel mit etwas Margarine andünsten und anschließend mit Johannisbrotkernmehl etwas anbinden. Je nach Geschmack mild oder kräftig mit „Picanto" würzen und dann mit dem Fischsud auffüllen, bis die Soße sämig wird. Jetzt die Fischwürfel hineinlegen und garziehen lassen.

Kartoffelgratin

150 g	Kartoffel
15 g	Margarine
10 g	gehackte Petersilie
	Salz
	Pfeffer
1 EL	geriebener Parmesankäse
1/8 l	Milch

Eine flache, feuerfeste Form mit Margarine ausfetten. Die geschälten Kartoffeln in feine Scheiben schneiden. Salz, Pfeffer und gehackte Petersilie untermischen und die Kartoffeln schuppenartig in die Form einsetzen. Die Milch mit dem Parmesankäse vermengen und über die Kartoffel geben. Nun im Ofen etwa 45 Minuten bei 150 Grad backen.

Bad Berleburger „Rösti"

Frische Kartoffeln einen Tag vorher mit der Schale kochen. Schale entfernen und grob raspeln. Etwas Margarine mit Öl in der Pfanne heiß werden lassen und die geraspelten Kartoffeln hineingeben. Auf jeder Seite goldgelb werden lassen. Die Oberseite vorher etwas andrücken und formen, damit die Masse hält. Mit ganz fein gehackter Petersilie bestreuen.

Schmorkartoffeln mit Schnittlauch

Kartoffeln schälen und in feine dünne Scheiben schneiden. Kochschinken würfeln, kurz anbraten und auffüllen mit Gemüsebrühe. Nun die Kartoffeln zugeben und anschmoren lassen. Dann langsam garen lassen und mit etwas Salz und Pfeffer würzen. Zum Schluss mit feingeschnittenem Schnittlauch bestreuen.

Reis mit Emmentaler Käse und Petersilie

100 g	Reis (gekocht)
1/2 l	Kraftbrühe, Rezept S. 29
10 g	Petersilie (gehackt)
30 g	Emmentaler Käse 40 %

Den Reis in der Kraftbrühe gar kochen und abschütten. Jetzt den Emmentaler Käse reiben und mit der Petersilie unter den Reis heben.

Vollkorn-Spätzle mit Petersilie

65 g	Weizenvollkornmehl
13 g	Roggenmehl
3	Eiweiß
3 g	Muskat
	Kraftbrühe, Rezept S. 29
20 g	Petersilie
	Salz

Die Mehle mit dem Eiweiß, Salz und etwas Wasser sowie Muskat zu einem zähflüssigen, geschmeidigen Teig verarbeiten. Jetzt etwas ruhen lassen. Die Petersilie waschen, feinhacken und unter den Teig geben. Reichlich Brühe zum Kochen bringen. Mit einer Spätzlepresse den Teig hineingeben und aufkochen. Gar sind die Spätzle, wenn sie oben schwimmen. Sie können die Spätzle sofort aus der Brühe auf einem Teller anrichten.

Grüner Salat „ländliche Art" mit Jogurt-Kartoffelessig

1	Kopf Salat
50 g	gekochter Schinken
50 g	mittelalter Holland-Gouda 40 %
30 g	gek. Eiweiß
70 g	Jogurt
70 g	saure Sahne
1 TL	Senf
	Salz
10 g	Kartoffelessig
	Pfeffer

Den Salat putzen, Mittelrippen durchschneiden, große Blätter halbieren, waschen, gut trocknen. Schinken und Käse in kleine Würfel schneiden. Jogurt, saure Sahne, Essig, Senf, Salz und Pfeffer gut vermischen und über den Salat geben. Mit gekochtem Eiweiß servieren.

Spinatsalat mit Hähnchenbrustfilet

1	Hähnchenbrustfilet
	Salz, Pfeffer aus der Mühle
10 g	SB-Öl
1/2 EL	Sherryessig
100 g	Blattspinat
10	rote Pfefferkörner
1/2	Knoblauchzehe
40 g	saure Sahne 3,5%
1 EL	Distelöl

Hähnchenbrustfilet leicht salzen und pfeffern und in Streifen schneiden. Dann in SB-Öl braten. Aus Distelöl, saurer Sahne, Pfefferkörnern, Sherryessig und gepreßtem Knoblauch eine Soße herstellen.
Spinat putzen, waschen und in feine Streifen schneiden. Soße und Spinat leicht vermischen, anrichten und mit Hähnchenbrustfiletstreifen bedecken.

Fenchel-Orangen-Salat unter Parmaschinken

80 g	Fenchel
1/2	Orange
30 g	Parmaschinken
1 EL	Sonnenblumenöl
1/4	Zitrone
	Salz
	Süßstoff
	schwarzer Pfeffer
10 g	Kresse

Den Fenchel putzen, waschen, vierteln und quer in Streifen schneiden. Orange schälen, die weiße Haut entfernen und filieren. Fenchel, Orangenstücke in einer Schüssel mischen. Öl, Zitrone, Salz, Süßstoff, schwarzen Pfeffer und etwas Wasser vermengen. Nun alles über den Salat geben und mit Parmaschinken, den Sie in Streifen geschnitten haben, überdecken. Ausgarnieren mit etwas Kresse.

Quarkpudding mit Pfirsich

125 g	Magerquark
	Süßstoff
1/4	Zitrone
1 EL	Grieß
2	Eiweiß
1	Pfirsich

Quark mit Süßstoff und Zitrone verrühren. Eiweiß steif schlagen und mit dem Grieß unter den Quark heben. Jetzt in eine Form geben und im Ofen etwa 30 Minuten bei 160 Grad garen lassen. Den Pfirsich abziehen und in Würfel schneiden. Zum Schluß über den Quark geben.

Apfelcreme mit Heidelbeeren

100 g	Magerquark
2 EL	Dosenmilch 3,5%
	Süßstoff
10 g	Zitronensaft
1	Apfel
1/2 EL	Weißwein
30 g	Heidelbeeren
5 g	Zimt

Quark mit Dosenmilch cremig rühren und mit Zimt, Süßstoff und Zitronensaft abschmecken. Apfel schälen, entkernen und in Weißwein in einem kleinen Topf leicht dünsten. Die Apfelstücke unter den Quark heben und mit Heidelbeeren garnieren.

Melonengelee mit Schattenmorellen

100	Melone (gelb)
50	Schattenmorellen
1/8 l	Apfelsaft
10 g	Zitronensaft
1/8 l	Wasser
2	Blatt Gelatine
	Süßstoff

In 1/8 l Wasser die Gelatine auflösen. Apfelsaft, Süßstoff und Zitronensaft vermischen. Gelatine flüssig machen und unterziehen. Eine 1/2 cm dicke Schicht in eine Dessertschale füllen und erkalten lassen.
Melone schälen, vierteln, Kerne entfernen und in kleine Stücke schneiden. Schattenmorellen auf einem Sieb abtropfen lassen und einen Teil auf die feste Gelatineschicht geben, darauf die Melonenstücke. Nun den Rest des Apfelsaftes über die Früchte gießen und fest werden lassen. Anschließend stürzen und servieren.

Aprikosenspeise mit Kiwi

2	Aprikosenhälften
125 g	Mager-Jogurt
2	Blatt Gelatine (weiß)
1/2	abgeriebene Zitrone
	Süßstoff
1 1/2	Kiwi

Gelatine in kaltem Wasser einweichen. Aprikosen abtropfen lassen und pürieren. Jogurt, Zitronenschale und Süßstoff unter die Aprikosen geben und verrühren. Gelatine ausdrücken, auflösen und auch unterziehen. In Dessertschale füllen und fest werden lassen. Mit in Scheiben geschnittenen Kiwis ausgarnieren.

Die Purine sind Bestandteile des Zellkerneiweißes aller Lebewesen. Beim Abbau der Purine entsteht Harnsäure. Zuviel Harnsäure im Blut kann zu Gicht und Gefäßschäden führen.

Wenn gesundheitliche Gründe eine Begrenzung der Purinzufuhr erforderlich machen, ist meistens auch eine Reduzierung des (Über-)Gewichtes erforderlich. Auf Alkoholgenuß sollte ebenfalls verzichtet werden.

! Grundsätzlich gilt für die purinarme Kost:

Nie mehr als 100 g Fleisch oder Fisch pro Woche zu sich nehmen!

Kochwasser (z. B. die Kraftbrühe) muss weggeschüttet werden!

Auf Innereien, Schalen- und Krustentiere verzichten.
Keinen Spinat essen!

Fett, Hefe und Bier einschränken!

Frühstück 1

250 ml	Kaffee, Tee
5 g	Zucker
10 g	Kondensmilch
50 g	Vollkornbrötchen
30 g	Pumpernickel
20 g	Butter
25 g	Aprikosenmarmelade
20 g	Edamer 40 %

Frühstück 2

250 ml	Gemüsesaft
35 g	Toastbrot
20 g	Knäckebrot
30 g	Grahambrot
20 g	Margarine
10 g	Sülzwurst
20 g	Honig
20 g	Goudakäse 40%

Frühstück 3

250 ml	Traubensaft
35 g	Weizenvollkornbrot
30 g	Steinofenbrot
20 g	Sesamknäckebrot
20 g	Butter
15 g	Trapistenkäse
25 g	Orangenmarmelade
1	Ei
150 g	Jogurt 1,5%

Vollkornbrot mit Sonnenblumenkernen

500 g	Weizenvollkornmehl
250 g	Weizenmehl
75 g	Haferkleie
40 g	Hefe frisch
1/4 l	Buttermilch
1/8 l	Milch
75 g	Sonnenblumenkerne
0,2 l	Wasser

Weizenvollkornmehl mit Weizenmehl und der Haferkleie vermischen. Hefe mit 0,2 Liter Wasser glattrühren. Mit etwas Mehl den Vorteig anrichten und zugedeckt 20 Minuten gehen lassen. 1/4 l lauwarme Buttermilch und etwas Salz zufügen. Alles zu einem glatten Teig kneten und so lange schlagen, bis er beim Schneiden gleichmäßige Bläschen aufweist. Zugedeckt zur doppelten Größe aufgehen und die Sonnenblumenkerne in heißer Milch 30 Minuten quellen lassen. Abgetropft unter den Teig kneten. Den Teig halbieren und in zwei runde Laibe formen. Mit etwas Milch bestreichen und kreuzweise nicht zu tief einschneiden. Mit etwa 50 g Sonnenblumenkernen bestreuen. 20 Minuten gehen lassen. Im vorgeheizten Backofen bei 220 Grad auf unterster Schiene 50 Minuten backen. Stellen Sie eine Form mit etwas Wasser dazu und reduzieren Sie nach 30 Minuten auf etwa 180 Grad.

Erdbeer-Mango-Flip mit Cornflakes

150 g	Erdbeeren
100 g	Mango
100 g	Buttermilch
50 g	Dickmilch
10 g	Zitronensaft
	Süßstoff
5 g	Cornflakes zum Garnieren

Die Erdbeeren waschen, putzen und klein schneiden. Von der Mango das Fruchtfleisch fein würfeln. Die Buttermilch und Dickmilch mit Zitrone und Süßstoff abschmecken und das Fruchtfleisch von Erdbeer und Mango zugeben. In einer Karaffe servieren und mit Cornflakes bestreuen.

Rote Bete Apfelrohkost

100 g	Rote Bete
80 g	Apfel
50 g	Lauch
10 g	Zitronensaft
	Süßstoff
5 g	Distelöl
5 g	Petersilie

Rote Bete und Apfel waschen, schälen und grob raspeln. Den geputzten, gewaschenen und in feine Streifen geschnittenen Lauch zur Roten Bete und Äpfeln geben. Mit Distelöl und Zitrone abschmecken, auf einem Salatblatt anrichten und mit Petersilie garnieren.

Morning Dream

1/8	fettarme Milch
1/8	Apfelsaft
2 EL	Haferflocken
5 g	Zitronensaft
	Süßstoff

Die Milch und den Apfelsaft in eine Schüssel geben und die Haferflocken unterheben. Mit Zitronensaft und Süßstoff abschmecken.

Auberginencreme auf Toast

1	Aubergine
2	kleine Tomaten
5 g	Zitronensaft
1	kleine Knoblauchzehe
1 TL	geh. Petersilie
	Pfeffer
1	Scheibe Toastbrot
1	Stange Bleichsellerie

Die Aubergine auf Alufolie im Ofen bei 200 Grad 25 Minuten braten, bis Sie dunkelbraun ist und aufplatzt. Mit einem Löffel das Fruchtfleisch herausschaben. Die gehäuteten, entkernten Tomaten mit dem Zitronensaft, durchgepreßtem Knoblauch, Petersilie und Pfeffer im Mixer verquirlen. Die Creme auf den Toast streichen und frischen, geputzten und gewaschenen Bleichsellerie dazu essen.

Kürbissuppe

50 g	Kürbis
1/2 l	Orangensaft
5 g	Butter
1/4	Zitrone
10 g	Apfelsinenschale (unbehandelt)
1/8 TL	Zimt
1	Scheibe Grahambrot
	Salz

Kürbis dick schälen, halbieren und die Kerne entfernen. Kürbisfleisch erst in Scheiben und dann in feine dünne Blättchen schneiden und sie mit der Hälfte des Orangensaftes so lange kochen, bis sie zu Mus zerfallen. Alles durch ein Haarsieb streichen und mit etwas Salz und Butter zum Kochen bringen. Den Rest Orangensaft, Zimt, Zitrone und Orangenschale zugeben. Brot von beiden Seiten anrösten, in Würfel schneiden und damit den Boden der Suppentasse bedecken, Suppe darübergießen.

Herbstliche Suppe

50 g	Kartoffeln
1/4	grüne Paprika
1/4	rote Paprika
1/2 TL	SB-Öl
1/2 TL	Olivenöl
	Salz
1	Scheibe Weißbrot
1/2	Bund Schnittlauch
2 g	Salbei
5 g	Petersilie
5 g	Kresse
1/2	Knoblauchzehe
130 g	weiße Bohnen gek.
1/4 l	Gemüsebrühe, Rezept S. 42

Die Kartoffeln mit der Schale garkochen. Inzwischen die Paprikaschoten putzen, waschen und würfeln. In dem SB-Öl etwa 10 Minuten dünsten lassen und etwas salzen. Das Weißbrot entrinden, toasten und auch in Würfel schneiden. Eine Pfanne mit der Knoblauchzehe ausreiben und die Brotwürfel darin mit dem Olivenöl heiß werden lassen. Den Schnittlauch fein schneiden, die Kräuter kochen. Nun Kartoffeln pellen und würfeln. Die gegarten Bohnen mit der Flüssigkeit pürieren und mit der Gemüsebrühe aufkochen. Die Zutaten in die Gemüsebrühe geben. Abschmecken und servieren.

Legierte Karottensuppe

1/2 l	Gemüsebrühe, Rezept S. 42
2	Karotten
30 g	Lauch
1/4	Zwiebel
	Salz
5 g	Butter
	Pfeffer

Die Karotten schälen und in der Gemüsebrühe weichkochen. Herausnehmen, die Butter zergehen lassen, den geputzten, gewaschenen Lauch in feine Streifen schneiden und andünsten. Die Karotten pürieren. Gemüsebrühe auffüllen und den Lauch dazugeben. Nochmals pürieren und abschmecken mit Salz und Pfeffer.

Gefüllte Gemüsezwiebel mit Rinderhack

1	große Gemüsezwiebel
100 g	Rinderhack
1 TL	Semmelbrösel
1 EL	Magerquark
1	Ei
5 g	Margarine
5 g	Petersilie, Thymian
3 g	Knoblauch
	Pfeffer, Majoran, Paprika, Thymian
1/8 l	Gemüsebrühe, Rezept S. 42

Gemüsezwiebel schälen, aushöhlen, goldgelb andünsten und ganz leicht salzen. Inhalt der ausgehöhlten Zwiebel würfeln und in Margarine andünsten. Hack zugeben und mit Brösel, Quark, Ei, Kräutern und Knoblauch mischen. Teig abschmecken und in die ausgehöhlte Zwiebel füllen. Diese in eine Auflaufform geben, mit Brühe aufgießen und etwa 40 Minuten im Backofen garen.

Linsen auf Jamaica-Art

100 g	rote Linsen
50 g	Weizenkörner
40 g	getrocknete Aprikosen
1	Möhre
80 g	Frühlingszwiebel
1 TL	SB-Öl
1/4 TL	Gewürzmischung „Picanto"
1/2	Knoblauchzehe
1/2 TL	Koriander
3 g	gemahlenen Kümmel
	Pfeffer
10 g	Zitronensaft

Am Abend vorher die Linsen einweichen. Den Weizen in zwei Tassen Wasser aufkochen und über Nacht quellen lassen. Die Aprikosen ebenfalls in einer Tasse Wasser einweichen. Möhren in Stifte, Zwiebeln in Ringe schneiden und den Knoblauch durchpressen. Öl im Topf erhitzen, Gemüse andünsten und dann Linsen, Weizen und geviertelte Aprikosen mit dem Einweichwasser zugeben. Etwa 20 Minuten garen und mit den Gewürzen und Zitronensaft abschmecken.

Gefülltes Schweinesteak „Italienische Art"

2	dünne Schweinesteaks (á 70 g)
20 g	gekochter Schinken
1/4	Zwiebel
20 g	Senf
	Paprika, Pfeffer
2 g	Salbei, Basilikum
1/2 TL	SB-Öl
10 g	Margarine
	Klarsichtfolie

Den Kochschinken genau wie die Zwiebel in kleine Würfel schneiden und zusammen mit Salbei und Basilikum in der Pfanne in etwas Margarine andünsten. Nun mit Senf vermischen. Die Schweinesteaks unter einer Folie leicht klopfen. Mit Paprika und Pfeffer würzen, mit der Masse füllen, zusammenklappen und sehr vorsichtig in Öl in der Pfanne braten.

Zucchini-Zwiebel-Pfanne

200 g	Zucchini
1	Zwiebel
1 TL	SB-Öl
1	Ei
	Pfeffer
2 g	Salbei
5 g	Schnittlauch

Die geputzten, gewaschenen Zucchini und die Zwiebel grob raspeln, in etwas Öl etwa 3 Minuten anbraten. Nun abkühlen lassen und in einer Schüssel mit dem Ei vermischen. Leicht pfeffern und den Schnittlauch zugeben. Dann in dem restlichen Öl bei mittlerer Hitze stocken lassen, vorsichtig wenden und weitere 3 Minuten braten. Mit feingeschnittenem Salbei bestreuen und servieren.

Kalbscurry mit Sellerie und Äpfeln

160 g	Kalbfleisch (Oberschale)
10 g	SB-Öl
50 g	Sellerie
50 g	Apfel
40 g	Zwiebel
	Salz
1/4 TL	Gewürzmischung „Picanto"
1/8 l	Gemüsebrühe, Rezept S. 42
10 g	Ingwer eingelegt
	Pfeffer

Das Fleisch in Würfel schneiden und in Öl anbraten. Sellerie schälen und waschen. Apfel schälen, Kerngehäuse herausschneiden. Zwiebel, Apfel und Sellerie in feine Scheiben schneiden und zu dem Fleisch geben. Würzen mit „Picanto", Salz und Pfeffer. Die Gemüsebrühe angießen und langsam kochen lassen. Zum Schluss Ingwer zufügen. Nochmals nachschmecken.

Getreide-Gemüse-Eintopf

110 g	Getreide (Gerste, Grünkern, Roggen)
	etwas Salz
1	Zwiebel (klein)
1	Paprika
1	Möhre
40 g	Lauch
80 g	Champignons
10 g	Butter
1/8 l	Gemüsebrühe, Rezept S. 42
10 g	Kräuter der Provence
	schwarzer Pfeffer
40 g	saure Sahne

Die ganzen Körner in einem halben Liter Wasser einweichen und in diesem Wasser 15 Minuten garen lassen, bis die Körner weich sind. Restliches Wasser abgießen. Die Möhre schälen und raspeln, Zwiebel fein würfeln. Paprika in Streifen, Lauch in dünne Ringe schneiden. Champignons putzen, waschen und ganz lassen. Butter erhitzen, Zwiebel und Gemüse kurz andünsten, mit Gemüsebrühe ablöschen und garziehen lassen. Die Körner zugeben und mit Gewürzen abschmecken. Die saure Sahne mit etwas Fond verrühren und wieder zugeben. Mit Kräuter der Provence servieren.

Wittgensteiner Taube mit frischen Pfifferlingen

1	frische Taube
10 g	SB-Öl
2	Äpfel
	Salz, Pfeffer
10 g	Kochschinken
1/4	Zwiebel
10 g	Margarine
10 g	frische Petersilie
80 g	Pfifferlinge

Die Äpfel schälen, Kerngehäuse entfernen und kleinschneiden. Die Taube waschen, mit Salz und Pfeffer von innen und außen würzen. Den geschnittenen Apfel in die Taube füllen und mit Holzspießchen zustecken. Anbraten von allen Seiten in Öl und im Backofen weitergaren bei mittlerer Hitze. Die Pfifferlinge putzen, waschen und zusammen mit gewürfeltem Kochschinken und den Zwiebeln in Margarine anbraten. Dazu die frische, gehackte Petersilie geben und zu der gebratenen Taube servieren.

Gefüllte Weinblätter mit Roggen und Weizen

80 g	Essfertiger Roggen und Weizen
50 g	Schafskäse
	weißen Pfeffer
	Salz
6	Weinblätter
1/4	Zitrone
1/8 l	Gemüsebrühe, Rezept S. 42
50 g	Sauerrahm 3,5%
10 g	Petersilie
1	Eigelb
	Holzspießchen

Die Petersilie hacken, den Schafskäse zerdrücken. Käse, Petersilie, Eigelb und die Getreidekörner verrühren. Mit etwas Salz und Pfeffer würzen. Weinblätter abspülen, die Füllung darauf verteilen, aufrollen und mit Holzstäbchen zustecken. In der Gemüsebrühe etwa 20 Minuten garen. Die Zitrone abraspeln, den Saft auspressen und unter den Sauerrahm rühren. Nochmal etwas würzen und über die gefüllten Weinblätter geben.

Hammelfilet gefüllt mit Broccoli und Karotte

1	Hammelfilet
10 g	SB-Öl
	Salz
1	ganze Karotte
1/8 l	Gemüsebrühe Rezept S. 42
40 g	Broccoli
1	Blatt Gelatine
	Pfeffer
10 g	Knoblauch

Das Filet von Fett und Sehnen befreien und in die Mitte mit einem Messer eine Öffnung schneiden (durch das ganze Filet). Die Karotte und den Broccoli in der Gemüsebrühe garkochen und pürieren. Die in Wasser aufgelöste Gelatine unter das heiße Gemüse ziehen und verrühren. Diese Masse in einen Spritzbeutel füllen und in die Öffnung des Filets spritzen. Das Fleisch würzen mit etwas Salz, Pfeffer und Knoblauch. Von allen Seiten in der Pfanne leicht anbraten und dann im Backofen fertig garen.

Gemüsepaella mit Dinkel

20 g	Langkornreis
20 g	Dinkel
40 g	grüne Erbsen
80 g	Paprika rot, grün, gelb
40 g	Zucchini
10 g	Frühlingszwiebeln
	Salz, Pfeffer, Paprika,
2 g	Kurkuma
1/4 l	Gemüsebrühe, Rezept S. 42
1/2 TL	SB-Öl
1/2	Knoblauchzehe
1 g	Safran

Reis im Öl anschwitzen, die gepresste Knoblauchzehe dazugeben und mit Kurkuma, Safran, Paprika, Salz, Pfeffer bestreuen. Ablöschen mit Gemüsebrühe und die Gemüse zugeben, je nach Garzeit. Nicht zu weich werden lassen und darauf achten, dass die Farbe von den einzelnen Gemüsen behalten wird. Mit Dinkelflocken überstreuen und servieren.

Putenschnitzel in Birnen-Soße

140 g	Putenschnitzel
	Pfeffer, Paprika, Salz
10 g	SB-Öl
1	kleine Zwiebel
10 g	Margarine
100 g	Birne frisch
1/4 TL	Gewürzmischung „Picanto"
50 g	Jogurt
1	Orangenscheibe

Die Zwiebel schälen, fein würfeln und in Margarine andünsten. Birnen waschen, schälen, Kerngehäuse entfernen und würfeln. In der Pfanne andünsten, mit „Picanto" und Salz abschmecken und dann pürieren. Den Jogurt unterziehen und abschmecken. Das Fleisch abtupfen, mit Pfeffer und Paprika bestreuen und von beiden Seiten kurz in Öl braten. Die Soße über das Putensteak geben. Evtl. mit Orangenscheibe garnieren.

Ratatouille mit Rosmarinsträusschen

1	Aubergine
1	Zucchini
1	Paprika rot/gelb
130 g	Salatgurke
1	Tomate
10 g	SB-Öl
1	Zwiebel
1	Knoblauchzehe
2 g	Thymian, Salbei,
2 g	Basilikum, Rosmarin,
	Majoran, Salz, Pfeffer
1/8 l	Gemüsebrühe, Rezept S. 42
50 g	saure Sahne
1	Rosmarinsträußchen

Die Aubergine in 2 cm große Stücke schneiden. Die Zucchini in Scheiben, Paprika in Würfel, Tomate und die Salatgurke in dünne Scheiben schneiden. Das Öl in einer Pfanne erhitzen, die gewürfelte Zwiebel zugeben und anrösten. Nach und nach die anderen Zutaten zugeben und mit Brühe aufgießen. 10 Minuten dämpfen. Jetzt die Tomate hineingeben und bei geöffnetem Topf langsam ziehen lassen. Die saure Sahne vorsichtig unterrühren und das Ratatouille damit binden. Garnieren mit Rosmarinsträußchen.

Maischolle im Gemüsebett

150 g	Scholle
30 g	Aubergine
30 g	Möhre, Sellerie
40 g	Zucchini
50 g	Tomate
10 g	Zitronensaft
5 g	Zitronenschale
10 g	SB-Öl
5 g	Petersilie frisch
	weißer Pfeffer
	Salz
60 g	Champignons (frisch)
1/8 l	Gemüsebrühe, Rezept S. 42

Das Gemüse putzen, waschen und in feine Streifen schneiden. Sonnenblumenöl erhitzen und darin das Gemüse leicht andünsten. Mit etwas Gemüsebrühe angießen, Pfeffer, Salz und die abgeriebene Zitronenschale zugeben und abschmecken.

Die Scholle säubern und leicht salzen. Dann mit etwas Zitronensaft einreiben und auf das Gemüse legen. Zugedeckt etwa 8 Minuten bei schwacher Hitze garziehen lassen. Aus den Tomaten den Stilansatz entfernen, mit kochendem Wasser überbrühen, häuten und in feine Würfel schneiden. Auf die Scholle geben und nochmal 5 Minuten nachziehen lassen.

Abschmecken mit Salz, Pfeffer und mit frischer Petersilie bestreuen.

Mangoldwickel mit Dinkelfüllung

2	große Mangoldblätter
1/4	Zwiebel
80 g	Champignons
1/2 TL	SB-Öl
1/8 l	Gemüsebrühe, Rezept S. 42
50 g	Dinkel
10 g	Petersilie
1/4 TL	Sojasoße
30 g	geriebener Goudakäse
5 g	Margarine
	Salz
	Pfeffer

Die Zwiebeln würfeln, Champignons in Scheiben schneiden und das Öl im Topf erhitzen. Zwiebel und Champignons zugeben und alles pürieren. Nun die Gemüsebrühe zum Kochen bringen, den Dinkel hineingeben und etwas quellen lassen. Pilzpüree, gehackte Petersilie und etwas Margarine zugeben. Abschmecken mit Salz, Pfeffer und Sojasoße. Die Füllung in die Mangoldblätter wickeln, in eine ausgefettete Auflaufform legen, mit etwas Gemüsebrühe aufgießen. Mit geriebenem Käse bestreuen und etwa 30 Minuten bei 200 Grad überbacken.

Kartoffelpfanne mit Tomaten

30 g	gek. Schinken
1 TL	SB-Öl
200 g	Fleischtomaten
100 g	gekochte Kartoffeln
	Pfeffer
	Salz
1	Ei
1/8 l	Milch (fettarm)
10 g	Petersilie
1 g	Muskat
	Paprika

In einem Topf 1/2 l Wasser zum Kochen bringen. Den Kochschinken in breite Streifen schneiden. Öl in der Pfanne erhitzen und den Kochschinken leicht anbräunen. Die Tomate kurz in kochendes Wasser legen. Mit kaltem Wasser abschrecken und häuten. Die Tomaten quer Stengelansatz halbieren. Stengelansatz und Kerne entfernen. Tomaten in Stücke schneiden und die gek. Kartoffeln würfeln, alles in eine Pfanne geben und würzen mit Salz und Pfeffer, gelegentlich umrühren. Ei mit Milch, Petersilie, Muskat und Paprika verquirlen und über die Zutaten gießen. Etwa 5 Minuten bei mittlerer Hitze stocken lassen.

Kartoffelsoufflé

250 g	mehlige Kartoffeln
20 g	Butter
2	Eigelb
1/8 l	Sahne
40 g	Gouda 40 %
	Pfeffer aus der Mühle
1 g	Muskat

Die Kartoffeln mit der Schale garkochen, pellen, pürieren und mit Butter, Eigelb, Sahne, grob geraffeltem Gouda, Pfeffer und Muskat schaumig rühren. Eine feuerfeste Form etwas ausbuttern, den Kartoffelschaum hineingeben und im vorgeheizten Backofen bei etwa 180 Grad 30 - 40 Minuten backen.

Überbackener Reis mit Goudakäse

50 g	Reis
1/4 l	Gemüsebrühe, Rezept S. 42
20 g	Zucchini
20 g	Auberginen
10 g	Zwiebel
10 g	Margarine
5 g	Thymian
5 g	Kerbel
	Salz
	Pfeffer
5 g	Salbei
20 g	Goudakäse 40 %

Die Gemüsebrühe aufkochen, vom Herd nehmen, den Reis hineingeben und quellen lassen. Die geputzten, gewaschenen Zucchinis und Auberginen in feine Würfel schneiden. Ebenso die Zwiebel. Anschwitzen in Margarine und vorsichtig unter den Reis heben. In einer ausgefetteten Auflaufform die Gewürze zugeben, nochmals gut vermengen und den Goudakäse oben aufstreuen. Im Ofen überbacken und servieren.

Kartoffel-Möhrenpuffer

140 g	Kartoffeln
40 g	Möhren
1/2 TL	SB-Öl
1	Ei
	Pfeffer, frisch gemahlen
25 g	Haferflocken
10 g	Petersilie
	Salz

Die Kartoffeln und Möhren schälen, waschen und in eine Schüssel reiben. Ei, Haferflocken und Gewürz zugeben und gut verrühren. Etwa 15 Minuten quellen lassen und in erhitztem Öl backen.

Vollkornnudel-Auflauf mit Petersilien-Soße

1/2 l	Gemüsebrühe, Rezept S. 42
200 g	Vollkornnudeln
50 g	Lauch
1 TL	SB-Öl
80 g	Holländer Käse 40%
1	Ei
100 g	saure Sahne
1	Knoblauchzehe
1/4 TL	Gewürzmischung „Picanto"
10 g	Butter

Die Gemüsebrühe zum Kochen bringen und die Nudeln darin garziehen lassen. Den Lauch putzen, waschen und in feine Streifen schneiden. Das Öl im Topf erhitzen und den Lauch darin garen. Die Nudeln abgießen (Brühe evtl. weiterverwenden) und den Käse mit dem Lauch untermischen. Das Ei mit der sauren Sahne verrühren. Die gepresste Knoblauchzehe und die Gewürze dazugeben und mit der Nudelmasse vermischen. Fetten Sie eine Auflaufform aus, geben Sie alles hinein und streuen Sie etwas Käse darüber. Etwa 35 Minuten bei 180 Grad backen.

Käse-Obst-Salat mit Weizen

80 g	Allgäuer-Emmentaler 40%
40 g	Weintrauben
40 g	Ananas frisch
1/2	Orange
30 g	Weizen
60 g	Magerjogurt
1/2 TL	Senf
	Salz
	Pfeffer

Den Käse in Stifte schneiden, die gewaschenen Weintrauben halbieren und entkernen. Ananas und die Orange in Würfel schneiden. Den Weizen in einer trockenen Pfanne etwas anrösten. Jogurt, Senf, Salz, Pfeffer vermengen und vorsichtig unter den Salat heben. Servieren auf einem großen Salatblatt.

Chicoree in Goudasoße

2	Chicorée frisch
1/8 l	Gemüsebrühe, Rezept S. 42
3 EL	Milch
1 EL	geriebener Gouda 40%
	Muskat, Salz
10 g	Johannisbrotkernmehl
1/4 TL	Zitronensaft

Den Chicorée waschen, putzen und den keilförmigen, oft bitteren Stilansatz herausschneiden. Die Stauden in der Gemüsebrühe vorsichtig garkochen. Nun herausnehmen und anbinden mit Johannisbrotkernmehl. Abschmecken mit Salz, Muskat und Zitrone. Jetzt den geriebenen Käse unterheben, bis die Soße leicht dicklich wird. Damit den heißen Chicoree überziehen und sofort servieren.

Blumenkohl-Tomaten-Salat

200 g	Blumenkohl
1/2 l	Gemüsebrühe, Rezept S. 42
1 EL	Kräuteressig
1	kleine Zwiebel
	Pfeffer
5 g	Basilikum
50 g	Tomate
1 TL	Schnittlauch
1 TL	Distelöl
5 g	Thymian

Den Blumenkohl putzen, waschen, in Röschen zerteilen und in der Gemüsebrühe kochen. Den Blumenkohl herausnehmen (Fond kann weiterverarbeitet werden). Den Essig, die feingewürfelte Zwiebel, Gewürze und das Distelöl gut verrühren und abschmecken. Den Blumenkohl in die Soße geben und darin abkühlen lassen. Die Tomaten vierteln, das Innere herauslösen und zu dem Blumenkohl geben. Dann abermals durchziehen lassen und mit dem geschnittenen Schnittlauch bestreuen.

Variation von Sprossen auf Radiccio in Jogurt-Dressing

20 g	von: Rettich, Linsen, Alfalfa, Kressesprossen
10 g	Radicchiosalat
70 g	Jogurt
	Pfeffer
5 g	Petersilie
5 g	Schnittlauch
10 g	Distelöl
10 g	Himbeeressig
	Süßstoff

Die Sprossen gut abwaschen und abtropfen lassen. Den Radicchio putzen und waschen. Jogurt, Pfeffer, Süßstoff, Petersilie, Schnittlauch, Distelöl und den Himbeeressig gut verrühren und etwas durchziehen lassen. Die Sprossen durch die Marinade ziehen und auf das Radiccioblatt setzen. Ausgarnieren mit etwas Kresse.

Birnen-Überraschung

1	große Birne
1/8 l	Wasser
	Süßstoff
60 g	Frischkäse 40%
30 g	geriebener Allgäuer 30%
1/2 TL	fein gemahlene Pistazien
1/2 TL	Preißelbeeren
	schwarzer Pfeffer

Birnen halbieren, schälen und das Kerngehäuse herausstechen. Birnenhälften mit Wasser und Süßstoff nicht zu weich dünsten. Aus dem Topf nehmen und abtropfen lassen. Frischkäse mit geriebenem Allgäuer, Birnensaft, Pfeffer und Pistazien cremig rühren. Mit dem Spritzbeutel in die ausgehöhlten Birnen spritzen und mit Preißelbeeren garnieren.

Überbackene Melonenkugeln in Ingwer

120 g	Melonenkugeln (Wasser)
1/8 l	Maracujasaft
2	Eiweiß
10 g	Honig
1/8 TL	Ingwer
	Zitronenmelisse
1,5	Blatt Gelatine

Die Gelatine in etwas Wasser auflösen, die Melonenkugeln in den heißen Maracujasaft legen und kurz durchziehen lassen. Melonenkugeln herausnehmen, in ein Dessertglas geben und die eingeweichte Gelatine in dem heißen Saft auflösen. Diesen dann über die Melonen gießen. Das Eiweiß steifschlagen, den Ingwer und Honig unterziehen und mit einem Spritzbeutel auf die Melonen geben. Im Ofen überbacken, bis der Eischnee braun wird. Mit Zitronenmelisse ausgarnieren.

Erdbeerspeise

60 g	Erdbeeren
10 g	Zucker
1,5	Blatt Gelatine
1/8 l	Magermilch

Die Magermilch mit dem Zucker aufkochen. Die Gelatine in etwas Wasser auflösen. Die Erdbeeren putzen, waschen und pürieren. Dann durch ein Sieb streichen, so dass keine Körner mehr enthalten sind. Die Gelatine in die heiße Milch geben und umrühren, bis Sie sich auflöst. Ebenso die Erdbeeren. Anschließend kalt stellen.

Mandarinenquark

150 g	Quark
1/8 l	Magermilch
10 g	Zucker
1/8 l	Fruchtsaft
40 g	Mandarinen (frisch)

Den Quark mit Milch, Zucker und dem Fruchtsaft verrühren. Die Mandarinen schälen, die weiße Haut entfernen und vorsichtig unter den Quark heben. Anstelle von Fruchtsaft kann auch Mineralwasser verwendet werden, dann wird der Quark noch lockerer.

Einfach und gesund

Wenn Sie einen Reistag in der Woche einlegen möchten, so liegt es in Ihrem Ermessen, für welche Reissorte Sie sich entscheiden. Ob Natur- oder Vollkornreis, geschälter oder wilder Reis - die Wirkung ist stets die gleiche:

! Reis entwässert ihren Körper und ist sehr nahrhaft! Also optimal geeignet zum Abnehmen.

Wilder Reis ist allerdings recht teuer, er kann jedoch auch sehr gut mit anderen Sorten gemischt werden.
150 g Reis im Rohgewicht ergeben im gekochtem Zustand 450 g.

Beispiele

Morgens:
Reis mit gekochtem oder frischem Obst.
Mittags:
Reis mit frischem oder tiefgefrorenem Gemüse. Dazu evtl. ein kleines Schweine- oder Rinderfilet.
Abends:
Reis mit frischen Rohkostsalaten, wenn möglich mit einem Dressing aus Distelöl, Essig, Wasser, Gewürzen und Kräutern. Dazu evtl. ein kleines Stück Fisch oder Geflügel reichen.
Wenn Sie den Reis abkochen, so empfehle ich Ihnen, dabei kein Salz zu verwenden, denn Salz bindet Wasser im Körper. Besser wäre die Gemüsebrühe s. S. 42.

Gemüsebrühe

2,5 l	Liter Wasser
1/2 l	Sellerie
1/2 l	Karotte
1	Porreestange
1	Zwiebel
	etwas Petersilie

Alles das lassen Sie etwa 1 1/2 Stunden auskochen. So haben Sie eine schmackhafte Gemüsebrühe ohne Salz. Nun kochen sie den Reis je nach Sorte etwa 12 - 18 Minuten in einem Teil der Gemüsebrühe. Den anderen Teil der Brühe können Sie zum Beispiel dazu verwenden, Gemüse zu blanchieren. Oder Sie frieren die Brühe ein, wenn sie erkaltet ist.

Den Reis kann man mit Kräutern, zum Beispiel Petersilie oder Schnittlauch, verfeinern. Das verbessert nicht nur den Geschmack, sondern dient auch der Optik.

Eine kochsalz- oder natriumarme Kost wird zum Beispiel bei einer Nierenentzündung, Herzinsuffizienz, Leberzirrhose oder auch bei Übergewicht verordnet. Die notwendige tägliche Kochsalzzufuhr beträgt etwa 4 Gramm, die wünschenswerte 6 Gramm und tatsächlich werden heute durchschnittlich etwa 18 bis 22 Gramm pro Tag zugeführt .

Um die gewünschten Werte zu erreichen, sollten Sie beim Braten, Backen und Kochen kein Salz zusätzlich verwenden. Für alle anderen Kräuter gibt es keine Beschränkung.

Frühstück 1

250 ml	Kaffee, Tee
	Süßstoff oder Zucker
10 g	Kondensmilch
40 g	Leinsamenbrötchen
30 g	Steinofenbrot
20 g	Sesamknäckebrot
20 g	Butter
15 g	Kochschinken 10 %
20 g	Harzerkäse

Frühstück 2

250 ml	Gemüsesaft
50 g	Fettarmer Jogurt
40 g	Vollkornschrothbrötchen
35 g	Mischbrot
20 g	Pumpernickel
20 g	Margarine
15 g	Lachsschinken
20 g	Camembert 40%
20 g	Honig

Frühstück 3

250 ml	Buttermilch
40 g	Weizenbrötchen
35 g	Zwieback
20 g	Sesambrot
20 g	Butter
25 g	Himbeermarmelade
15 g	Mortadella 10 %
20 g	Frischkäse 40%
1	Ei

Italienisches Weissbrot mit Pinienkernen

500 g	Mehl
200 ml	lauwarmes Wasser
20 g	Hefe
50 g	zerlassene Margarine
20 g	Pinienkerne
1/8 TL	Gewürzmischung „Picanto"

Das Mehl in eine Schüssel geben, 100 ml Wasser mit der Hefe glattrühren und unter das Mehl mischen. Margarine mit dem restlichen Wasser und „Picanto" zum Mehl geben. Alles zu einem geschmeidigen Hefeteig verkneten. Den Brotteig zugedeckt an einem warmen Ort ca. 30 Minuten bis auf doppelte Größe gehen lassen. Den Teig durchkneten, die Pinienkerne zugeben und in zwei Portionen teilen. Jede Portion auf einer bemehlten Arbeitsfläche zu einem länglichen Brot formen. Auf ein mit Backpapier ausgelegtes Blech setzen und nochmals 30 Minuten gehen lassen. Im vorgeheizten Backofen bei 200 Grad etwa 30 Minuten backen. Anschließend auskühlen lassen.

Kohlrabi-Orangen-Frischkost

160 g	Kohlrabi
1	Orange
	Süßstoff
10 g	Zitrone
1 EL	Distelöl
1/4 TL	Würzmischung „Aromano"

Distelöl, Süßstoff, „Aromano" und Zitronensaft gut verrühren. Den geschälten Kohlrabi in die Marinade raspeln. Orange schälen, die weiße Haut entfernen (wegen der Bitterstoffe) und in kleine Filetstreifen schneiden. Alles miteinander vermengen und anrichten.

Sellerie-Möhren-Rohkost

1/2	Sellerie
2	Möhren
10 g	Zitronensaft
1/8 l	Apfelsaft
1 EL	Distelöl
5-6	Orangenfilets
1	Chicoreeblatt

Sellerie waschen und putzen. Möhren waschen und schälen. Alles fein raspeln und sofort mit Zitrone, Distelöl und Apfelsaft vermischen. Anschließend die Orangenfilets vorsichtig unterheben. Anrichten auf einem großen Chicoreeblatt.

Gemüse-Reissalat mit Krabben

30 g	Langkornreis
100 g	Krabben
1	Tomate
80 g	gegarter Spargel
1 TL	Zitronensaft
1 TL	Dill
	Pfeffer
100 ml	Buttermilch

Den Reis garen, abtropfen lassen, mit Tomatenwürfelchen, Spargelstückchen und Krabbenfleisch mischen. Marinade aus Zitronensaft, Buttermilch, Kräutern und Gewürzen zubereiten und alles vorsichtig vermengen.

Hawaii-Milch-Mix-Getränk

1	Apfelsine
1/2	Zitrone
1/2 l	Magermilch
1	Apfel
40 g	Ananas
	Süßstoff

Die Apfelsine schälen und die weiße Haut entfernen. Den Apfel schälen und das Kerngehäuse entfernen. Nun mit der Ananas in den Mixer geben. Abschmecken mit Zitrone und Süßstoff. Dann die Milch hinzuschütten, nochmals nachschmecken und servieren.

Klare Tomatensuppe

1/2 l	Kraftbrühe, Rezept S. 29
80 g	Tomate
1/2	Zwiebel
5 g	Zucker
5 g	Zitrone
1	Lorbeerblatt, Nelke, Piment
5 g	Basilikum, Oregano

Zwiebeln, Lorbeerblatt, Nelke und Piment in der Kraftbrühe leicht köcheln und dann durch ein Sieb gießen. Die in Stücke geschnittenen Tomaten in die Brühe geben und 10 bis 12 Minuten kochen. Nochmals durch ein Sieb gießen, wieder erhitzen und mit etwas Zucker und Zitrone abschmecken. Zuletzt mit feingeschnittenem Basilikum und Oregano überstreuen.

Geröstete Griessuppe

30 g	Grieß
20 g	Butter
1/4 l	Kraftbrühe, Rezept S. 29
1	Eigelb
10 g	Petersilie
5 g	Schnittlauch, Kresse
1 g	Muskat

Grieß in der ausgelassenen Butter goldgelb rösten. Kraftbrühe auffüllen und ganz langsam köcheln. Mit Muskatnuss abwürzen. Die mit Eigelb vermischte Suppe ziehen lassen und mit Petersilie, Schnittlauch und Kresse bestreuen.

Feine Fenchelcremesuppe

125 g	Fenchel
10 g	Butter
1/4 l	Kraftbrühe, Rezept S. 29
15 g	Johannisbrotkernmehl
2 EL	Milch
10 g	Zitrone
1 EL	Sahne
1 TL	Sherry

Den Fenchel putzen, waschen und in Streifen schneiden. In Butter goldgelb dünsten und mit Kraftbrühe aufkochen lassen. Milch und Johannisbrotkernmehl zum Anbinden in die Suppe geben. Nochmals aufkochen lassen und die Sahne zugeben. Mit Sherry und Zitrone gut abschmecken und mit etwas feingehacktem, frischen Fenchel überstreuen.

Rinderhack in der Paprikaschote gegart

1	Paprikaschote (rot)
80 g	Rinderhack
1 EL	gekochter Reis
1/4	Zwiebel
	Pfeffer
1/2 TL	Senf
10 g	gehackte Petersilie
1	kleine Tomate
	etwas Wasser
oder	
	Gemüsebrühe, Rezept S. 42
1 TL	Tomatenmark
1 EL	Dosenmilch
1 TL	SB-Öl
10 g	Johannisbrotkernmehl

Das Hackfleisch mit Reis, gewürfelten Zwiebeln, Pfeffer, Senf und Petersilie mischen und in die geputzte und gewaschene Paprika füllen. Öl in einem Topf erhitzen und die Paprika von allen Seiten anbraten. Wasser oder Gemüsebrühe zugießen und etwa 15 Minuten dünsten. In den letzten 5 Minuten die in Stücke geschnittene Tomate zugeben, die Schote aus dem Topf nehmen und Tomatenmark zufügen. Aufkochen und zum Schluß die Dosenmilch einrühren. Mit Johannisbrotkernmehl anbinden.

Rinderroulade auf Wirsingblatt

1	Kleiner Wirsingkohl
3	Wachholderbeeren
30 g	Schweinemett
1 TL	Worchestersoße
40 g	saure Sahne
	Pfeffer
150 g	Rinderroulade geschnitten aus der Oberschale
30 g	Kochschinken
10 g	Öl
1/2 l	Rotwein
1	Lorbeerblatt
30 g	Möhren
10 g	Johannisbrotkernmehl
4	Holzspießchen

Den Wirsing putzen. Zwei äußere Blätter in kochendem Wasser blanchieren, abtropfen lassen. Eine Wachholderbeere zerstoßen, mit dem Mett, der Worchestersoße und der sauren Sahne mischen. Mit Pfeffer würzen.
Die Rouladenscheibe mit Pfeffer würzen, mit Wirsingblättern und Kochschinken belegen. Nun das Mett daraufstreichen und alles zu einer Roulade rollen. Mit Holzspießchen feststecken. Öl erhitzen und die Roulade darin anbraten. Die Zwiebel vierteln und kurz mitanbraten. Ablöschen mit Wein und etwas Wasser, jetzt die anderen Wachholderbeeren und das Lorbeerblatt zufügen und etwa 1 3/4 Stunden bei geschlossenem Deckel garen.
Den restlichen Wirsing kleinschneiden. Möhren schälen, in Scheiben schneiden und in etwas Wasser dünsten. Kohlstreifen nach 5 Minuten zufügen. Angießen und mit etwas Pfeffer würzen. Die Roulade aus dem Fond nehmen und alles durch ein Sieb gießen. Nun alles mit dem Rest der sauren Sahne aufkochen und mit etwas Johannisbrotkernmehl abbinden. Die Roulade auf das Gemüse legen, mit Soße bedecken und servieren.

Gefüllter Schweinerücken mit Backpflaumen

300 g	Schweinerücken
60 g	entsteinte Pflaumen
80 g	saure Sahne
	Pfeffer
5 g	Koriander, Rosmarin, Kresse
10 g	SB-Öl

Den Schweinerücken von Fett befreien. Durch die Mitte des Rückens mit einem Messer vorsichtig eine Öffnung schneiden und die Backpflaumen hineindrücken. Würzen mit Pfeffer, Rosmarin und Koriander. In SB-Öl etwa 50 Minuten bei 210 Grad braten. Den Bratenfond auffangen und mit saurer Sahne verlängern. Evtl. abbinden mit Johannisbrotkernmehl und nachschmecken. Auf den Braten etwas Kresse streuen und servieren.

Schweineschinkensteak überbacken mit Käse

160 g	Schweineschinkensteak (Oberschale)
10 g	SB-Öl
1	Ei
40 g	Goudakäse (mittelalt) 40 %
	Pfeffer, Knoblauchpulver
10 g	Petersilie

Das Ei schlagen, den Goudakäse reiben und unter das Ei ziehen. Würzen mit etwas Pfeffer und Knoblauchpulver. Das Schweinesteak leicht klopfen, mit Pfeffer würzen und in Öl von beiden Seiten anbraten. Herausnehmen und den entstandenen Fond abgießen. Nun in eine etwas ausgefettete Auflaufform legen und die Ei-Käsemasse darauf verteilen. Im Backofen fertig garen, bis der Käse gold-gelb geworden ist.

Gefüllte Kalbsbrust mit Zucchini-Kräuter-Mischung

150 g	Kalbsbrust
1/8 l	Weißwein
1/8 l	Kraftbrühe, Rezept S. 29
1	Zucchini
20 g	Wurzelgemüse
3 g	Thymian
20 g	gek. Schinken
1	Ei
1/8 l	Milch
15 g	Kräuter der Provence
10 g	Margarine
20 g	Brotwürfel
	Pfeffer
10 g	Johannisbrotkernmehl
3 g	Rosmarin

Die Kalbsbrust von der dünnen Seite bis zur Brustspitze öffnen und mit Thymian, Rosmarin und Pfeffer würzen. Das Brot mit Kräutern der Provence mischen. Die Zucchinis waschen und in Würfel schneiden. Ebenso wie den gekochten Schinken in Margarine leicht andünsten. Danach unter das Brot heben und die Brust mit der Masse vorsichtig füllen. Nach dem Verschließen braten Sie die Brust an, dann geben Sie das Gemüse zu und rösten es mit. Abgelöscht wird mit Weißwein und Kraftbrühe. Zugedeckt weiterschmoren lassen bis es gar ist. Dann das Fleisch herausnehmen, den Fond durch ein Sieb gießen und mit Johannisbrotkernmehl abbinden. Evtl. nachwürzen und danach wieder auf das Fleisch gießen.

Geschabtes Kalbssteak mit Tomaten überbacken

150 g	geschabtes Kalbssteak
10 g	Öl
	Pfeffer, Thymian
1	Ei
10 g	Petersilie
1	Tomate
10 g	Margarine
5 g	Oregano
5 g	Schnittlauch

Das geschabte Kalbfleisch mischen mit Pfeffer, Thymian, Petersilie, Ei und Schnittlauch. Jetzt formen Sie es und drücken es leicht an. Dann in Öl von beiden Seiten anbraten, so dass es Farbe annimmt. Danach bei schwacher Hitze weiterbraten, bis es gar ist. Die Tomate in Scheiben schneiden und leicht in Margarine anbraten. Mit etwas Pfeffer und Oregano würzen, an das Fleisch legen und servieren.

Frischlingssteak „Wittgenstein“ mit Pfifferlingen

160 g	Frischlingssteak (Oberschale)
10 g	SB-Öl
100 g	Pfifferlinge
1/2	Zwiebel
3 g	Knoblauchpulver
1/4	Salatgurke
30 g	Kürbis, Kürbissaft
1 EL	Sherry
10 g	Butter
	Pfeffer

Die Pilze auf einem Sieb gut abtropfen lassen. Zwiebel schälen, halbieren und in Streifen schneiden. Anbraten in Butter und 5 Minuten dünsten lassen. Die Salatgurke vierteln und in Stücke schneiden. Beides zu den Pilzen geben und weitere 5 Minuten andünsten. Kürbissaft und Sherry zufügen und mit Gewürzen abschmecken, nun warmstellen. In derselben Pfanne die gut mit Pfeffer gewürzten Steaks mit SB-Öl von jeder Seite etwa 4 Minuten braten. Jetzt das Fleisch mit dem Gemüse zusammen auf einer Platte anrichten. Mit dem Fond begießen und die Kresse drüberstreuen.

Kaninchenscheiben mit Kräutern in Rotweinbutter

1	Kaninchenrücken
10 g	SB-Öl
10 g	Butter
1/8 l	Rotwein (trocken)
	Pfeffer
1/4	Zwiebel
4	Wachholderbeeren
	Salbei
	Pimpanelle
1	Lorbeerblatt

Den Rücken auslösen, entsehnen und in 2 cm dicke Scheiben schneiden. In Öl ganz kurz anbraten und im Backofen weitergaren. Anschließend warmstellen.

In den Fond Rotwein, Lorbeerblatt, Zwiebel und Wachholderbeere geben und kurz einkochen lassen bis zur Hälfte. Salbei und Pimpanelle zu dem Fond geben und die feste Butter in Flöckchen unterrühren, bis die Soße gebunden hat. Mit Pfeffer abschmecken. Jetzt passieren und über die Kaninchenscheiben gießen. Den Rest von Salbei und Pimpanelle in sehr feine Streifen schneiden und über die Kaninchenscheiben streuen.

Lammtournedos mit Mandelrosenkohl

2	Filetsteak á 80 g
10 g	SB-Öl
	Pfeffer
2 g	Salbei
120 g	Rosenkohl
1/4 l	Gemüsebrühe, Rezept S. 42
10 g	Mandeln
10 g	Margarine
	Knoblauchpulver

Die Tournedos von Fett und Haut befreien, mit Pfeffer und Knoblauch würzen. Den Rosenkohl putzen und waschen. Dabei die Stielenden leicht einritzen und in die kochende Gemüsebrühe geben. Garen, dass er noch bissfest bleibt. Aus der Gemüsebrühe nehmen und kurz kalt abschrecken. Die Margarine in der Pfanne zerlassen, den Rosenkohl zugeben und vorsichtig anschwenken. Die Mandeln in etwas Margarine bräunen und über den Rosenkohl verteilen. Die Tournedos in Öl leicht rosa braten und zu dem Mandelrosenkohl servieren.

Lammrolle mit Tomaten

160 g	Lammbrust
1/2	grüne Paprika
1/2	rote Paprika
1/4	Zwiebel
1	Tomate
	Pfeffer
2 g	Majoran
1 TL	Öl
1/8 l	Kraftbrühe, Rezept S. 29
1/8 l	Rotwein
10 g	Kondensmilch
10 g	Knoblauch

Die geputzten Paprika in Streifen und geschälte Zwiebel in Würfel schneiden. Tomate häuten und vierteln. Die Lammbrust von einer Seite mit Pfeffer, Knoblauch und Majoran würzen. Paprika und Zwiebel auf dem Fleisch verteilen. Lammbrust aufrollen und mit Küchengarn umwickeln. Fleisch von außen auch etwas pfeffern und in Öl anbraten. Tomate zugeben, heiße Brühe angießen und alles bei mittlerer Hitze 60 Minuten schmoren. Den Fond durch ein Sieb gießen nochmal abschmecken und den Rotwein sowie die Kondensmilch zugeben.

Hühnerfrikassee mit Champignons

130 g	gekochtes Hühnerfleisch
90 g	Champignons (frisch)
1/4 l	Gemüsebrühe, Rezept S. 42
30 g	saure Sahne
	weißer Pfeffer
10 g	Zitronensaft
10 g	Margarine
10 g	Johannisbrotkernmehl

Das Hühnerfleisch in der Gemüsebrühe kochen und kalt werden lassen. Danach in 1 1/2 cm große Stücke schneiden. Die Gemüsebrühe durchsieben. Die Champignons putzen, waschen, in dünne Blättchen schneiden und in etwas Margarine anbraten. Das Hühnerfleisch in die Gemüsebrühe geben, die mit etwas Johannisbrotkernmehl abgebunden worden ist. Die Champignons hinzugeben und mit saurer Sahne sowie Zitronensaft abschmecken.

Putensteaks mit Pfifferlingen gefüllt

150 g	Putensteak
10 g	Öl
10 g	Kochschinken
40 g	kleine Pfifferlinge
20 g	Schmelzkäse
	Pfeffer
1 TL	Parmesankäse
1/8 l	Gemüsebrühe, Rezept S. 42
5 g	Zwiebelpulver

Den gewürfelten Schinken in etwas Öl anbraten, die Pfifferlinge mitdünsten. Den Schmelzkäse zufügen und unter leichtem Rühren schmelzen lassen. In das Putensteak eine Tasche einschneiden, die Pilzmasse hineinfüllen und mit Holzspießchen zustecken. Mit Pfeffer und Zwiebelpulver würzen. Das Steak in eine Auflaufform legen, das restliche Öl erhitzen und darübergießen. Im vorgeheizten Ofen garen und dabei einmal wenden. Etwas Gemüsebrühe zugießen, dann mit Parmesan bestreuen und servieren.

Gefüllte Kabeljaurouladen

150 g	Kabeljaufilet
1/2 EL	Zitronensaft
1/2 EL	Tomatenmark
30 g	Karotte
30 g	Lauch
	Pfeffer
1 TL	Dill
1 TL	SB-Öl
1 TL	Margarine
4	Holzspießchen

Das Fischfilet säubern, mit Zitronensaft beträufeln und mit Tomatenmark bestreichen. Die Möhre putzen und fein reiben. Lauch putzen, halbieren, gründlich waschen und in feine Streifen schneiden. Das Gemüse gleichmäßig auf die vorbereiteten Fischfilets legen. Mit Pfeffer und Dill bestreuen, aufwickeln und mit Holzspießchen feststecken. Die Fischroulade in eine mit Öl gefettete, feuerfeste Form legen, mit Margarineflöckchen besetzen und zugedeckt etwa 30 Minuten bei 220 Grad garen.

Schellfischschwanzstücke in Jogurtsoße

160 g	Schellfischschwanzstück
1/4	abgeriebene Zitrone
	Salz, Pfeffer
10 g	Margarine
1	Tomate
5 g	Schnittlauch, Petersilie
1/4 l	Knoblauchzehe
1 TL	SB-Öl
70 g	Magerjogurt
1/4 l	Kraftbrühe, Rezept S. 29

In einer Auflaufform das Öl heiß werden lassen, Tomatenscheiben hineingeben und mit Schnittlauch und Petersilie bestreuen. Den gehackten Knoblauch und Jogurt zugeben und einmal aufkochen lassen. Die Fischstücke in diesem Fond ca. 25 Minuten abgedeckt garziehen lassen. Mit Salz und Pfeffer abschmecken und mit abgeschälter Zitronenscheibe servieren.

Halbseidene Klöße

100 g	Kartoffeln
100 g	Mehl
1/8 l	Milch
2	Eier
5 g	Petersilie
5 g	Schnittlauch
2 g	Muskat
1/2 l	Gemüsebrühe, Rezept S. 42

Am Vortag gekochte Pellkartoffeln werden auf einer Reibe gerieben, mit Mehl (im Verhältnis 1:1), Ei, etwas Milch, Muskat und Kräuter zu einem Teig verknetet und dann zu Klößen geformt. Anschließend in Gemüsebrühe garen.

Schnittlauchkartoffeln im Römertopf

150 g	Kartoffeln
1/2	Zwiebel
10 g	Butter
1 EL	Schnittlauch
60 g	saure Sahne
2 g	Muskat
	weißer Pfeffer

Die Kartoffeln schälen und waschen. Davon dünne Scheiben schneiden und mit Butter bepinseln. Mit fein gehackter Zwiebel, Schnittlauch und saurer Sahne mischen. Muskat und weißen Pfeffer darüberstreuen. Im heißen Ofen garen und anschließend im Römertopf mit Schnittlauch bestreuen.

Kartoffel-Gemüse-Auflauf

200 g	geschälte Kartoffeln
80 g	Möhren
10 g	Margarine
80 g	Blattspinat
	Muskat
	Pfeffer
5 g	Thymian
1/8 l	fettarme Milch
1/2 TL	Meerrettich
10 g	Walnüsse
1/2	Zwiebel
1/2 l	Gemüsebrühe, Rezept S. 42

Die geschälte Zwiebel in feine Würfel und die vorbereiteten Möhren in Scheiben schneiden. Zwiebelwürfel in Margarine leicht andünsten. Die Möhren, den verlesenen, geputzen, gewaschenen und blanchierten Spinat zugeben. Abwürzen mit Pfeffer und Thymian. Zugedeckt etwa 15 Minuten garen. Kartoffeln in Stücke schneiden und in der Gemüsebrühe garen. Danach abgießen und durch eine Presse drücken. Heiße Milch unterrühren und mit Meerrettich, Margarine, Muskat und Pfeffer abschmecken. Eine feuerfeste Form mit etwas Margarine ausfetten und die Hälfte des Pürees einfüllen. Gemüse darauf verteilen und restliches Püree darüberstreichen. Mit Walnüssen bestreuen und 30 Minuten garen.

Spanischer Reis „Margaritta"

80 g	Naturreis
1/2	Zwiebel
10 g	Margarine
1/4 TL	Kräuter der Provence
	Pfeffer aus der Mühle
	Paprika edelsüß
1/4	Knoblauchzehe
1/4	rote, grüne, gelbe Paprikaschote
30 g	gek. Schinken
70 g	frische Ananas
1/4	Banane
3	Oliven
	Zitronenmelisse
1/4 l	Wasser

Geschälte Zwiebel in feine Würfel schneiden und in der Margarine hellgelb andünsten. Reis, Gewürze, Wasser und die geschälte, fein zerdrückte Knoblauchzehe zufügen. Zugedeckt bei schwacher Hitze 30 bis 40 Min. bissfest garen. Paprika entkernen, in feine Würfel schneiden und 10 Minuten vor der Garzeit unter den Reis geben. Den Schinken ebenfalls in kleine Würfel schneiden und anbraten in Margarine. Das vorbereitete Obst in Scheiben schneiden und die Oliven halbieren. Nun alles in Margarine erwärmen. Reis auf eine Platte geben, die Schinkenwürfel obenauf und garnieren mit Zitronenmelisse.

Nudel-Auberginen-Überraschung

80 g	Vollkornnudeln
1/2 l	Gemüsebrühe, Rezept S. 42
1	Lorbeerblatt
2	Salbeiblätter
200 g	Auberginen
1/2	Zwiebel
10 g	Margarine
1/4 TL	Kräuter der Provence
	Pfeffer aus der Mühle
2 g	Koriander
1/4	Knoblauchzehe
30 g	Schafskäse
5 g	glatte Petersilie

Die Gemüsebrühe mit der geschälten Zwiebel, dem Lorbeerblatt und den Salbeiblättern zum Kochen bringen und die Nudeln darin bißfest garen. Auf ein Sieb schütten und kurz kalt abspülen. (Die Gemüsebrühe kann weiter verwendet werden). Salbei, Zwiebel und Lorbeerblatt entfernen. Auberginen waschen und in Scheiben schneiden. Geschälte Zwiebel in feine Würfel schneiden und in etwas Margarine leicht andünsten. Auberginen zufügen, mit den Gewürzen und der geschälten, feingepressten Knoblauchzehe würzen und zugedeckt bei schwacher Hitze 4 -5 Minuten bissfest garen. Bei Bedarf etwas Wasser zugeben. Schafskäse in feine Würfel schneiden, Petersilie hacken und beides zusammen mit den Nudeln unter die Auberginen heben, erwärmen, abschmecken und sofort servieren.

Chinakohlsalat in Himbeerdressing

200 g	Chinakohlsalat
60 g	Magermilchjogurt
1/2 TL	Himbeeressig
1/2 EL	Orangensaft
	Pfeffer, Süßstoff
5 g	Kresse, Petersilie
5 g	Distelöl

Den Chinakohl putzen, in feine Streifen schneiden, waschen und gut abtropfen lassen.
Die Marinade aus Jogurt, Himbeeressig, Orangensaft, Pfeffer, Süßstoff, Kresse und Petersilie herstellen. Zum Schluß etwas Distelöl zugeben und gut durchziehen lassen. Nun alles vorsichtig vermengen und servieren.

Steckrübensalat mit feinen Feigen

150 g	Steckrüben
80 g	Magerjogurt
2 EL	Zitronensaft
1/2 TL	Zucker
5 g	Ingwer
2	Feigen
1/4 TL	Distelöl
1	Salatblatt
5 g	Kresse

Die Steckrübe großzügig schälen und waschen. Aus Jogurt, Zitronensaft, Distelöl und Ingwer eine Marinade zubereiten.

Die Steckrübe mit einer Raspel in die Marinade reiben. Nun die Feigen schälen, würfeln, alle anderen Zutaten zugeben und vorsichtig vermischen. Den Salat etwa 30 Minuten gut durchziehen lassen und mit einem großen Salatblatt servieren. Mit feiner Kresse ausgarnieren.

Sommersalat in Kräuterdressing

1	grüne Paprika
1	gelbe Paprika
1	Fleischtomate
1/4	Salatgurke
1/2	Zwiebel
2 EL	Kräuteressig
2 EL	Distelöl
	Pfeffer aus der Mühle

Paprikaschote waschen und vorbereiten. Gurke schälen, längs halbieren und entkernen. Alles in sehr feine Würfel schneiden. Die Zwiebel ebenfalls in Würfel schneiden und hinzugeben. Kräuteressig, schwarzen Pfeffer und Distelöl gut vermischen und über den Sommersalat verteilen.

Griessflammeri

250 ml	Milch
50 g	Zucker
35 g	Grieß
1/2	abgeriebene Zitrone

Die Milch mit dem Zucker zum Kochen bringen und unter stetigem Rühren den Grieß zugeben. Die Masse vom Feuer nehmen und Zitrone zugeben. Ausfüllen in Dessertschälchen und garnieren.

Westfälische Quarkspeise

125 g	Quark
1/8 l	Milch
20 g	Zucker
2 EL	Kirschwasser
10 g	Pumpernickel
20 g	Schokolade
40 g	Kirschen

Den Quark mit Milch und Zucker verrühren. Pumpernickel zerbröckeln und Schokolade in feine Stückchen schneiden. Beides mit Kirschwasser vermischen. In ein Dessertglas schichtweise Quark, Kirschen und die Pumpernickel-Schockoladen-Masse füllen! Ausgarnieren mit Kirsche.

Schokoladentraum

1/4 l	Milch
10 g	geriebene Schokolade
1/4 EL	Kakao
15 g	Zucker
20 g	Kartoffelmehl

Die Schokolade, Kakao, Kartoffelmehl mit einigen Eßlöffeln Milch gut vermischen. Die restliche Milch zum Kochen bringen. Die angerührte Flüssigkeit langsam hineingießen und den Zucker einstreuen. Aufkochen und dann etwa fünf Minuten ziehen lassen. Dessertschale kalt ausspülen, das Dessert hineinfüllen und nach dem Auskühlen stürzen.

Rote Grütze

30 g	Kirschen
30 g	Himbeeren
20 g	Johannisbeeren
1/8 l	Wasser
	Süßstoff
15 g	Grieß

Die Früchte verlesen, waschen, die Stiele abschneiden und die Kerne entfernen. Das Wasser aufkochen und die Früchte hineingeben und bei schwacher Hitze kochen, bis sie zerfallen. Mit Süßstoff abschmecken, nochmal kurz aufkochen und den Grieß hinzugeben. Anschließend 15 Minuten aufquellen lassen und in Dessertschalen füllen.

Austauschtabelle für Broteinheiten (BE)

Die angegebenen Mengen in Gramm entsprechen 1 BE

Brot

Grahambrot	30 g =	75 kcal
Knäckebrot	20 g =	64 kcal
Leinsamenbrot	35 g =	93 kcal
Pumpernickel	30 g =	60 kcal
Roggenbrot	30 g =	67 kcal
Roggenbrötchen	35 g =	67 kcal
Roggenmischbrot	30 g =	68 kcal
Roggenvollkornbrot	35 g =	72 kcal
Weißbrot	25 g =	59 kcal
Weizenmischbrot	30 g =	70 kcal
Weizenvollkornbrot	30 g =	62 kcal
Weizentoastbrot	25 g =	65 kcal
Zwieback	15 g =	60 kcal

Körner

Gerstengraupen	20 g =	60 kcal
Grünkern	20 g =	64 kcal
Hirse	20 g =	71 kcal
Mais	20 g =	67 kcal
Reis, roh	15 g =	52 kcal
Roggen	20 g =	53 kcal
Weizen	20 g =	61 kcal
Weizenkeime	45 g =	113 kcal

Grieß/ Grütze

Buchweizengrütze	15 g =	52 kcal
Gerstengrütze	15 g =	51 kcal
Haferflocken	20 g =	73 kcal
Hafergrütze	20 g =	72 kcal
Weizengrieß	20 g =	65 kcal

Mehl

Buchweizenvollmehl	20 g =	68 kcal
Grünkernmehl	15 g =	72 kcal
Maismehl	20 g =	67 kcal
Hafermehl	20 g =	82 kcal
Reismehl	15 g =	70 kcal
Roggenmehl	20 g =	55 kcal
Weizenmehl Typ 405	15 g =	68 kcal
Weizenvollkornmehl	20 g =	61 kcal

Stärke

Kartoffelstärke	15 g =	53 kcal
Maisstärke	15 g =	52 kcal
Reisstärke	15 g =	68 kcal
Weizenstärke	15 g =	48 kcal

Milch und Milchprodukte

Buttermilch	250 g =	86 kcal
Dickmilch, 3,5% Fett	250 g =	152 kcal
Dickmilch, 0,3% Fett	250 g =	80 kcal
Jogurt, 3,5% Fett	250 g =	152 kcal
Jogurt, 1,5% Fett	250 g =	110 kcal
Jogurt, 0,3% Fett	250 g =	80 kcal
Kefir, 3,5% Fett	250 g =	152 kcal
Kefir, 1,5% Fett	250 g =	140 kcal
Milch, 3,5% Fett	250 g =	160 kcal
Milch, 1,5% Fett	250 g =	118 kcal
Milch, 0,3% Fett	250 g =	86 kcal
Kondensmilch, 4,0% Fett	90 g =	115 kcal
Kondensmilch, 7,5% Fett	130 g =	172 kcal
Kondensmilch, 10% Fett	100 g =	133 kcal
Magermilchpulver	20 g =	71 kcal
Vollmilchpulver	30 g =	147 kcal

Nüsse/Samen ohne Schalen

Cashewnüsse	40 g =	228 kcal
Maronen	30 g =	59 kcal
Pinienkerne	60 g =	404 kcal

weitere Nüsse und Samen bis 50 g ohne BE-Berechnung

Erdnüsse, Haselnüsse, Kokosnüsse, Kokosflocken, Kürbiskerne, Leinsamen, Mandeln, Mohn, Paranüsse, Pistazien, Sesamsamen, Sonnenblumenkerne und Walnüsse.

Frischobst
Gramm-Angabe für Fruchtfleisch

Ananas	90 g =	51 kcal
Apfel	100 g =	52 kcal
Apfel mit Schale	110 g =	55 kcal
Apfelsine	130 g =	57 kcal
Apfelsine mit Schale	180 g =	57 kcal
Aprikose	120 g =	56 kcal
Aprikose mit Stein	130 g =	56 kcal
Birne	120 g =	60 kcal
Birne mit Schale	130 g =	60 kcal
Blaubeeren	60 g =	52 kcal
Brombeeren	140 g =	69 kcal
Erdbeeren	190 g =	63 kcal
Granatapfel	70 g =	33 kcal
Himbeeren	210 g =	67 kcal
Holunderbeeren	160 g =	72 kcal

Honigmelone	100 g =	53 kcal
Johannisbeeren	130 g =	59 kcal
Sternfrucht	150 g =	38 kcal
Kirsche, sauer mit Stein	120 g =	55 kcal
Kirsche, süß mit Stein	100 g =	55 kcal
Kiwi	120 g =	60 kcal
Mandarinen	120 g =	54 kcal
Mango	90 g =	50 kcal
Mirabellen, mit Stein	90 g =	54 kcal
Moosbeeren	150 g =	58 kcal
Nektarinen	100 g =	53 kcal
Pampelmuse, mit Schale	200 g =	56 kcal
Passionsfrucht	90 g =	59 kcal
Pfirsich, mit Stein	150 g =	55 kcal
Pflaumen, mit Stein	110 g =	51 kcal
Preiselbeeren	220 g =	66 kcal
Quitten	140 g =	53 kcal
Reneclauden, mit Stein	230 g =	207 kcal
Stachelbeeren	120 g =	56 kcal
Sanddornbeeren	230 g=	207 kcal
Baumtomaten	130 g =	65 kcal
Wassermelone, ohne Schale	160 g =	56 kcal
Zitrone	150 g =	60 kcal

Obstsaft

Apfelsaft	100 g =	47 kcal
Birnensaft	100 g =	o. Angabe
Brombeersaft	120 g =	46 kcal
Erdbeersaft	160 g =	64 kcal
Grapefruitsaft	140 g =	55 kcal
Himbeersaft	170 g =	51 kcal
Holundersaft	160 g =	61 kcal
Johannisbeersaft, rot	80 g =	o. Angabe
Mandarinensaft	130 g =	56 kcal
Orangensaft	110 g =	54 kcal
Pflaumensaft	80 g =	o. Angabe
Rhabarbersaft	bis 200 g	o. BE Anrechnung
Sauerkirschsaft	90 g =	59 kcal
Stachelbeersaft	100 g =	o. Angabe
Traubensaft	70 g =	48 kcal

Trockenobst

Apfel	20 g =	53 kcal
Aprikose	20 g =	51 kcal
Pfirsich	20 g =	56 kcal
Pflaumen	20 g =	47 kcal

Zuckeraustauschstoffe

12 g Fruchtzucker	1 BE =	48 kcal
12 g Sorbit	1 BE =	48 kcal

Diabetikerkonfitüre

1 BE enthält 50 Kalorien, 25 g Diabetikerkonfitüre, mit Zuckeraustauschstoff; 40 g Diabetikerkonfitüre, mit Zuckeraustauschstoff und Süßstoff

Verschiedenes

Bierhefe	30 g =	107 kcal
Cräcker	15 g =	68 kcal
Paniermehl	15 g =	52 kcal
Cornflakes, ungezuckert	15 g =	51 kcal
Kartoffeln, ohne Schale	80 g =	56 kcal
Kartoffelchips	30 g =	162 kcal
Nudeln, Glasnudeln gek.	20 g =	62 kcal
Pommes, verzehrfertig	40 g =	86 kcal

Kohlenhydratreiche Gemüsesorten

Dicke Bohnen	170 g =	o. Angabe
Erbsen, grün	110 g =	76 kcal
Maiskörner	70 g =	77 kcal
Maiskolben	190 g =	77 kcal
Rote Bete	140 g =	56 kcal

Kohlenhydratarme Gemüsesorten
Folgende Gemüsesorten können bis zu 200 g - auch mehrmals am Tag - ohne BE-Anrechnung gegessen werden:
Artischocken, Auberginen, Avocado, Bambussprossen, Bleichsellerie, Blumenkohl, grüne Bohnen, Bohnenkeimlinge, Brokkoli, Champignons, Chicoree, Chinakohl, Eisbergsalat, Endiviensalat, Feldsalat, Fenchel, Grünkohl, Gurken, Knollensellerie, Kohlrabi, Kopfsalat, Kürbis, Lauch, Mangold, Karotten, Paprikaschoten, Palmenherzen, Pfifferlinge, Radicchio, Radieschen, Rettich, Rhabarber, Rosenkohl, Rotkraut, Schwarzwurzeln, Sauerkraut, Sojabohnen, Sojabohnenkeimlinge, Spargel, Spinat, Steinpilze, Stielmus, Tomaten, Weißkohl, Wirsing, Zucchini und Zwiebeln.

Hülsenfrüchte, trocken

Bohnen alle Sorten	25 g =	73 kcal
Erbsen gelb/grün	20 g =	70 kcal
Linsen	75 g =	78 kcal
Kichererbsen	25 g =	76 kcal

Eingelegte Gemüsesorten

Gewürzgurken, Mixed pickles, grüne und schwarze Oliven, Tomatenpaprika, Silberzwiebeln.

Weitere Buchveröffentlichungen

Diabetiker-Kochbuch

Abwechslungsreiche Rezeptvorschläge mit BE-Angabe und Diabetiker-Informationen
Zusammengestellt von
Friedhelm Höse und Birgit Clarius
Erschienen: 1996, Preis: 14,30 €
ISBN 3-9805046-0-3

Tipps und Tricks

Die kleinen Kniffe und Tricks, wie man aus einfachen Speisen einen kulinarischen Leckerbissen macht.
Zusammengestellt von
Friedhelm Höse
Erschienen: 2001, Preis: 10 €
ISBN 3-9805046-1-1

Höses Gewürz-Mischungen

„Picanto“

Würzmischung ohne Kochsalz
Für Fleisch, Fisch, Geflügel, Wild, Soßen, Suppen, Pommes frites, Röstkartoffeln und Eierspeisen

„Aromano“

Kräuterwürzmischung ohne Kochsalz
Verwendbar für alle Arten von Salat und Gemüse

Die Gewürzmischungen beziehen Sie über:

HGM-Produkte
Friedhelm Höse
Im Hüttental 2
57319 Bad Berleburg

Telefon (0 27 55) 9682-18
Telefax (0 27 55) 9682-19
www.Hoese-gesunde-Ernaehrung.de
E-Mail:Hoese@HGM-Produkte.de